EL ARTE DE PENSAR

EL ARTE DE PENSAR

52 errores de lógica que es mejor dejar que cometan otros

Rolf Dobelli

Ilustraciones de Birgit Lang

Traducción de Nuria Villagrasa Valdivieso

GRUPO ZETA ℤ

Barcelona • Madrid • Bogotá • Buenos Aires • Caracas • México D.F. • Miami • Montevideo • Santiago de Chile

Título original: *Die kunst des klaren denkens*
Traducción: Nuria Villagrasa
1.ª edición: enero 2013

© 2011 Carl Hanser Verlag München
© Ediciones B, S. A., 2013
   Consell de Cent, 425-427 - 08009 Barcelona (España)
   www.edicionesb.com

Printed in Spain
ISBN: 978-84-666-4868-4
Depósito legal: B. 10.401-2012

Impreso por Bigsa
Av. Sant Julià 104-112
08400 - Granollers
Tel. 93 840 54 00

Prólogo

Todo empezó una noche de otoño de 2004. A invitación del editor Hubert Burda, viajé a Múnich para participar en lo que se llamó un «intercambio informal con intelectuales». Nunca antes me había considerado un «intelectual» (estudié empresariales y me hice empresario, es decir, lo contrario de un intelectual), pero había publicado dos novelas y evidentemente eso bastaba.

En la mesa estaba Nassim Nicholas Taleb, por entonces un oscuro financiero de Wall Street con inclinaciones por la filosofía. Le fui presentado como experto en la Ilustración inglesa y escocesa, sobre todo en David Hume. Obviamente me habían confundido. No dije nada, sonreí algo inseguro a mi alrededor y dejé que la pausa así producida pareciera una prueba de mis vastos conocimientos filosóficos. De inmediato, Taleb acercó una silla libre y me la ofreció dando palmaditas en el asiento. Por suerte, tras unas pocas frases, la conversación se desvió de Hume a Wall Street, donde al menos podía participar. Nos divertimos con los errores sistemáticos que cometen los directores ejecutivos, sin excluirnos a nosotros mismos. Hablamos del hecho de que, al examinar en retrospectiva sucesos improbables, estos parecían mucho más probables. Nos reímos de los inversores que apenas podían separarse de sus acciones con las cotizaciones por debajo del precio de compra.

Poco después, me envió unas páginas de su manuscrito, que comenté y en parte critiqué, y acabaron formando parte del éxito de ventas mundial *El cisne negro*. El libro catapultó a Taleb a la liga de las estrellas intelectuales mundiales. Con una creciente hambre intelectual, devoré la bibliografía sobre heurísticas y sesgos. En paralelo, se intensificó el intercambio con numerosas personas a las que se podría considerar la *intelligentsia* de la Costa Este norteamericana. Años después, me di cuenta de que, junto a mi trabajo de escritor y empresario, había completado un auténtico estudio de psicología social y cognitiva.

Los errores de lógica, tal como utilizo aquí ese concepto, son desviaciones sistemáticas respecto de la racionalidad, de los pensamientos y comportamientos óptimos, lógicos y sensatos. La palabra «sistemático» es importante, porque solemos equivocarnos en la misma dirección. Por ejemplo, sobrevaloramos nuestros conocimientos con más frecuencia que los infravaloramos. O bien el riesgo de perder algo nos mete más prisa que la perspectiva de ganar algo. Un matemático lo calificaría de distribución asimétrica de errores de lógica. Por suerte, pues la asimetría a veces hace que los errores sean previsibles.

Para no perder por imprudencia el patrimonio que había acumulado a lo largo de mi actividad literaria y empresarial, empecé a recopilar errores de lógica sistemáticos junto con notas y anécdotas personales. No tenía intención de publicar esa lista, la hice solo para mí. Pronto me di cuenta de que no solo me resultaba útil en el terreno de la inversión de capitales, sino también en la vida empresarial y privada. El conocimiento de los errores de lógica me convirtió en alguien más sereno y sensato: reconocía a tiempo mis propios errores de lógica y podía evitarlos antes de que causaran graves perjuicios. Y por primera vez advertía si los demás actuaban de forma insensata y podía estar preparado para tratarlos, quizás incluso con ventaja. Pero, sobre todo, de ese modo había conjurado el fantasma de la irracionalidad; tenía a mano categorías, nociones y razones para ahuyentarlo. Desde Benjamin Franklin, los rayos y truenos no son más raros, ni más débiles ni más silenciosos, pero son menos espantosos... y lo mismo me pasa a mí desde entonces con mi propia insensatez.

Los amigos a quienes se lo conté pronto empezaron a interesarse por mi pequeño compendio. Ese interés desembocó en una columna semanal en el *Frankfurter Allgemeinen Zeitung* y en el semanario suizo *SonntagsZeitung*, en innumerables presentaciones (sobre todo para médicos, inversores, consejos de administración y directores ejecutivos), y finalmente en esta obra. *Voilà*. Ahora la tienen en sus manos; no su suerte, pero sí al menos un seguro frente a un infortunio autoinfligido demasiado grande.

ROLF DOBELLI, 2011

EL SESGO DE SUPERVIVENCIA

Por qué habría que visitar cementerios

Da igual adónde mire Reto, por todas partes ve estrellas del rock. Aparecen en televisión, en las portadas de las revistas, en los programas de conciertos y en páginas de seguidores en internet. Sus canciones se oyen con fuerza: en el centro comercial, en la propia lista de reproducción, en el gimnasio. Las estrellas del rock están ahí. Son muchas. Y tienen éxito. Animado por el éxito de innumerables héroes de la guitarra, Reto formó una banda. ¿Lo logrará? La probabilidad es de un pelo por encima de cero. Como tantos otros, presumiblemente acabará en el cementerio de los músicos fracasados. Esta necrópolis cuenta con diez mil veces más músicos que los escenarios, pero a ningún periodista le interesan los fracasados, salvo las estrellas caídas. Eso hace que el cementerio sea invisible para los profanos.

El «sesgo de supervivencia» (*survivorship bias*) significa que, como los éxitos generan una mayor visibilidad en el día a día que los fracasos, se sobrestima sistemáticamente la perspectiva de éxito. Como profano, usted sucumbe (igual que Reto) a una ilusión. Ignora lo minúsculamente pequeña que es la probabilidad de éxito. Detrás de cada escritor de éxito se ocultan cien más cuyos libros no se venden. Y detrás de estos, otros cien que no han encontrado editorial. Y detrás de esos, cientos con un manuscrito empezado en el cajón. Pero nosotros solo oímos hablar de los triunfadores e ignoramos lo improbable que resulta el éxito literario. Lo mismo vale para fotógrafos, empresarios, artistas, deportistas, arquitectos, premios Nobel, presentadores de televisión y reinas de la belleza. A los medios de comunicación no les interesa en absoluto enterrar a los fracasados en los cementerios. Tampoco ellos son culpables de eso. Significa que esa reflexión debe asumirla usted, si quiere reducir el sesgo de supervivencia.

Como muy tarde, el sesgo de supervivencia le pillará en cuestiones de dinero: un amigo crea una nueva empresa. Del círculo de inversores potenciales también forma parte usted. Ve la oportunidad, podría convertirse en la próxima Microsoft. Quizá tenga usted suerte. ¿Qué aspecto tiene la realidad? El escenario más probable es que la empresa apenas arranque de la parrilla de salida. Lo más probable es la bancarrota a los tres años. De las empresas que superan los tres años, la mayoría quedan reducidas a una pyme con menos de diez empleados. Conclusión: se ha dejado deslumbrar por la presencia mediática de las empresas de éxito. Así pues, ¿no corremos riesgos? Sí. Pero hágalo consciente de que el diablillo del sesgo de supervivencia deforma las probabilidades como un cristal pulido.

Veamos, por ejemplo, el Dow Jones. Se compone de ruidosos supervivientes. Porque en un índice de acciones no constan las empresas pequeñas y las fallidas, es decir, la mayoría. Un índice bursátil no es representativo de la economía de un país. Del mismo modo que la prensa no informa representativamente sobre toda la multitud de músicos. También la enorme cantidad de libros sobre el éxito y cómo alcanzarlo deberían despertar su escepticismo: los fracasados no escriben libros ni dan conferencias sobre su fracaso.

El sesgo de supervivencia se volverá bastante difícil si usted mismo forma parte del montón «superviviente». Aunque su éxito se base en la pura casualidad, descubrirá puntos en común con otros afortunados y los interpretará como «factores de éxito». No obstante, al visitar el cementerio de los fracasados (personas, empresas, etcétera), se daría cuenta de que estos también habían aplicado con frecuencia esos supuestos «factores de éxito».

Si suficientes científicos investigan un fenómeno concreto, sucederá que un par de esos estudios, por pura casualidad, aportarán resultados estadísticamente relevantes, por ejemplo, sobre la relación entre el consumo de vino tinto y una mayor esperanza de vida. De ese modo, estos (falsos) estudios enseguida logran un elevado nivel de popularidad. Un sesgo de supervivencia.

Pero ya basta de filosofía. El sesgo de supervivencia significa que usted sobrevalora sistemáticamente la probabilidad de éxito. Para remediarlo, visite lo más a menudo que pueda las tumbas de los proyectos, inversiones y carreras que en su día prometían mucho. Un paseo triste, pero saludable.

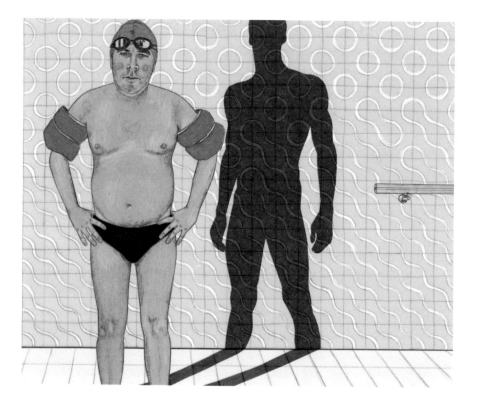

LA ILUSIÓN DEL CUERPO DE NADADOR

¿Harvard es una universidad buena o mala? No lo sabemos

Cuando el ensayista y agente de bolsa Nassim Taleb tomó la decisión de hacer algo contra sus obstinados kilos, echó un vistazo a diversos deportes. Los corredores le daban una impresión flaca y triste. Los culturistas parecían anchos y tontos. Los tenistas, uf, ¡tan de clase media alta! Pero los nadadores le gustaron. Tenían esos cuerpos elegantes y bien formados. Así que decidió meterse dos veces por semana en el agua clorada de la piscina local y entrenarse en serio. Tardó bastante tiempo en darse cuenta de que había caído en la trampa de una ilusión. Los nadadores profesionales no tienen esa constitución física perfecta porque entrenen mucho. Es al revés: son buenos nadadores porque tienen ese cuerpo. Su constitución física es un criterio de selección, no el resultado de su actividad.

Las modelos hacen publicidad de cosméticos. Así, algunas consumidoras llegan a la conclusión de que los cosméticos las embellecerán. Sin embargo, no son los cosméticos los que convierten a las mujeres en modelos. Las modelos han nacido bellas por casualidad, y en realidad solo por eso se las tiene en cuenta para la publicidad de cosméticos. Como en el caso de los nadadores, la belleza es un criterio de selección, no un resultado.

Siempre que confundimos el criterio de selección con el resultado nos dejamos engañar por la «ilusión del cuerpo de nadador» (*swimmer's body illusion*). Sin esa ilusión, la mitad de la publicidad no funcionaría.

Pero no se trata solo de cuerpos atractivos. Harvard tiene la reputación de ser una de las mejores universidades. Numerosas personas de gran éxito han estudiado en Harvard. ¿Significa eso que Harvard es un buen centro? No lo sabemos. Quizá la universidad sea horrible, pero capta a los estudiantes mejor dotados del mundo. Yo viví así la Universidad de St. Gallen. Su reputación es excelente, pero la enseñanza (hace veinte años) era mediocre. Por algún motivo —una buena selección de los estudiantes, el clima en el angosto valle, ¿la comida del comedor?—, pese a todo, muchos de sus graduados se han convertido en algo.

Los cursos de MBA (máster en administración de empresas) de todo el mundo seducen con estadísticas de ingresos. Los interesados cuentan con que un MBA aumenta el sueldo en un equis por ciento de media. El sencillo cálculo debe demostrar que las exorbitantes tasas universitarias quedan cubiertas en poco tiempo. Muchos caen en la trampa. No quiero suponer que los centros manipularon las estadísticas. Y aun así sus declaraciones no tienen valor. Los que no aspiran a un MBA están hechos de una pasta distinta que los que aspiran a un MBA. La diferencia salarial de los últimos tiene cientos de razones distintas del título de MBA. De nuevo tenemos aquí la ilusión del cuerpo de nadador: el criterio de selección se confunde con el resultado. Cuando se plantee seguir unos estudios de posgrado, búsquese motivos diferentes al aumento de sueldo.

Cuando pregunto a la gente afortunada dónde radica el secreto de su suerte, suelo oír frases como: «Hay que ver el vaso medio lleno en vez de medio vacío.» Como si esas personas no pudieran aceptar que han nacido afortunadas y ahora se inclinaran por ver lo positivo en todo. Los afortunados no quieren reconocer que la felicidad es en gran parte innata y permanece constante a lo largo de la vida. La ilusión del cuerpo de nadador también se da como autoilusión. Si después los afortunados encima escriben libros, el engaño se vuelve pérfido.

Por eso, ahora trace una amplia curva para evitar los libros de autoayuda. En el cien por cien de los casos, están escritos por personas con una tendencia natural a la suerte. Pues bien, despilfarran consejos en cada página. Se obvia que hay miles de millones de personas a las que esos consejos no les funcionan, porque los desafortunados no escriben libros de autoayuda.

Conclusión: en cualquier lugar donde se recomiende algo de valor —músculos de acero, belleza, elevados ingresos, larga vida, aura, suerte—, observe bien. Antes de tirarse a la piscina, eche un vistazo al espejo. Y sea sincero consigo mismo.

EL EFECTO DEL EXCESO DE CONFIANZA

Por qué sobrestima sistemáticamente sus conocimientos y capacidades

La zarina Catalina II de Rusia no era conocida por su castidad. Numerosos amantes retozaron en su cama. Cuántos fueron lo revelaré en el próximo capítulo, aquí se trata en primer lugar de otra cosa: ¿cuánta confianza podemos depositar en nuestros conocimientos? Para esto una pequeña tarea: defina el intervalo del número de amantes de la zarina de forma que su estimación sea correcta en un 98 por ciento y falsa en un 2 por ciento. Ese intervalo podría ser, por ejemplo, de veinte a setenta. Eso significaría que usted calcula que Catalina no tuvo menos de veinte amantes ni más de setenta.

Nassim Taleb, que en una ocasión me planteó esta misma tarea, ha interrogado del mismo modo a cientos de personas. A veces ha preguntado por la longitud del Misisipí, otras veces por el consumo de queroseno de un Airbus, otras por el número de habitantes de Burundi. Además, se puede elegir libremente el intervalo y, como ya se ha dicho, equivocarse hasta en un 2 por ciento. El resultado fue sorprendente. En vez del 2 por ciento de los consultados, el 40 por ciento se equivocó con su intervalo estimado. Marc Alpert y Howard Raiffa, los dos investigadores que tropezaron por primera vez con este inaudito fenómeno, lo denominaron *overconfidence*, es decir, «exceso de confianza».

Esto también sirve para los pronósticos. Las estimaciones de cotizaciones bursátiles en un año o de facturación prevista en el plan trianual de su empresa sucumben exactamente al mismo efecto: sobrestimamos sistemáticamente nuestros conocimientos y capacidades para pronosticar... y encima, enormemente. Con el efecto del exceso de confianza no se trata de si una estimación aislada es cierta o no. El efecto del exceso de confianza prescinde de la diferencia entre lo que la gente sabe realmente y lo que cree saber. Lo realmente sorprendente es que los expertos padecen aún más el efecto del exceso de confianza que los no expertos. Un catedrático de economía se equivoca en una estimación quinquenal del precio del petróleo exactamente igual que un profano de la economía. Solo que él lo hace con un terrible exceso de confianza.

El efecto del exceso de confianza también desempeña un papel en relación con otras capacidades: en las encuestas, el 84 por ciento de los hombres franceses presumen de ser buenos amantes por encima de la media. Sin el efecto del exceso de confianza, exactamente el 50 por ciento debería —lógicamente— estar en lo cierto, pues la «media» significa precisamente que el 50 por ciento está por encima y el otro 50 por ciento por debajo.

Los empresarios son como los que desean casarse: están convencidos de ser la excepción de las estadísticas. La actividad económica se intensificaría si no existiera el efecto del exceso de confianza. Todo dueño de restaurante sueña con abrir el próximo restaurante imprescindible... y la mayoría cierra a los tres años. El rendimiento del capital propio en el sector de la restauración se encuentra crónicamente bajo cero. Dicho de otro modo: los empresarios de la restauración subvencionan sistemáticamente a sus clientes.

Prácticamente ningún gran proyecto se pone en marcha más rápido y con menos costes de lo previsto. Son legendarios los retrasos y los sobrecostes del Airbus A400M, de la ópera de Sidney, de los tres túneles de San Gotardo. La lista se puede alargar a discreción.

¿Por qué sucede así? Aquí concurren dos efectos. Por una parte, el clásico exceso de confianza. Por otra, una sobrestimación «incentivada» de los costes por parte de gente con un interés directo en el proyecto. Los consultores esperan encargos posteriores, los constructores y proveedores lo mismo, los propietarios de la obra se sienten fortalecidos por las cifras optimistas, y los políticos ganan votos. Examinaremos esta tendencia incentivo-sobrerespuesta en otro capítulo. La diferencia es importante: el exceso de confianza no está incentivado, sino que es ingenuo e innato de forma natural.

Tres detalles para terminar: A) Lo contrario, un efecto de falta de confianza, no existe. B) En los hombres, el efecto del exceso de confianza es más acentuado que en las mujeres; estas se sobrevaloran menos. C) No solo los optimistas padecen el efecto del exceso de confianza; también los pesimistas confesos se sobrevaloran, aunque menos.

Conclusión: sea escéptico ante todas las predicciones, especialmente si proceden de supuestos expertos. Y parta siempre de la perspectiva más pesimista en todos los planes. Así tendrá una verdadera opción de valorar la situación con bastante realismo.

LA PRUEBA SOCIAL

Si millones de personas afirman una tontería, no por eso se hará realidad

Usted va de camino a un concierto. En un cruce se encuentra con un grupo de personas en el que todos miran al cielo. Sin pensarlo, también usted levanta la vista. ¿Por qué? La prueba social. En medio del concierto, en un compás ejecutado a la perfección, alguien empieza a aplaudir, y de repente aplaude toda la sala. También usted. ¿Por qué? La prueba social. Después del concierto está en el guardarropa para recoger su abrigo; observa cómo la gente delante de usted pone una moneda en un plato, aunque teóricamente el servicio de guardarropa está incluido en el precio de la entrada. ¿Qué hace usted? También dejará propina a discreción. La prueba social (a veces denominada imprecisamente como gregarismo) dice: me comporto correctamente si me comporto como los demás. Dicho de otro modo: cuantas más personas encuentran correcta una idea, más correcta es esa idea, lo que por supuesto es absurdo.

La «prueba social» (*social proof*) es el mal tras las burbujas y el pánico de la bolsa. La prueba social se encuentra en la moda, en las técnicas de gestión empresarial, en el ocio, en la religión y las dietas. La prueba social puede paralizar culturas enteras, piense en los suicidios colectivos de las sectas.

El simple experimento de Solomon Asch —realizado por

primera vez en 1950— muestra cómo la presión del grupo doblega el sentido común. A un sujeto de experimentación se le muestran líneas de distintas longitudes. Entonces la persona debe indicar si una línea es más larga, igual de larga o más corta que una línea de referencia. La persona está sentada sola en la sala y valora correctamente todas las líneas mostradas, pues la tarea es sencilla. Entonces entran otras siete personas en la sala, todos actores, pero el sujeto de experimentación no lo sabe. Uno tras otro dan una respuesta falsa, dicen «más corta» aunque la línea es claramente más larga que la de referencia. Después le toca al sujeto de experimentación. En el 30 por ciento de los casos, da la misma respuesta falsa que la persona anterior, por pura presión del grupo.

¿Por qué actuamos así? Porque ese comportamiento ha demostrado ser una buena estrategia de supervivencia en nuestro pasado evolutivo. En caso de estar hace cincuenta mil años con sus amigos cazadores-recolectores en el Serengueti, si de repente todos sus compañeros salen corriendo, ¿qué hace usted? ¿Se queda quieto, se rasca la frente y piensa si lo que ve es realmente un león o solo un animal inofensivo parecido a un león? No, sigue a sus amigos lo más rápido que puede. Luego podrá reflexionar, cuando esté a salvo. Quien actuara de forma diferente ha desaparecido del acervo genético. Este modelo de conducta está tan profundamente arraigado que aún hoy lo aplicamos, incluso donde no aporta ventajas para la supervivencia. Solo se me ocurre un caso en que la prueba social resulta útil: en caso de tener entradas para un partido de fútbol en una ciudad desconocida y no saber dónde se encuentra el estadio. Entonces tiene sentido seguir a los que parecen hinchas de fútbol.

Las comedias y las tertulias utilizan la prueba social al reproducir risas en momentos estratégicos, lo que está demostrado que induce a los espectadores a la propia risa. Uno de los casos de prueba social más impresionantes es el discurso «¿Queréis una guerra total?» de Joseph Goebbels en 1943. Hay un vídeo en YouTube. Si se hubiera preguntado individual y anónimamente, es muy difícil que alguien hubiera estado de acuerdo con esa absurda propuesta.

La publicidad se aprovecha sistemáticamente de nuestra debilidad ante la prueba social. Funciona mejor donde la situación resulta poco clara (un incontrolable número de marcas de coche, productos de limpieza, cosméticos, etcétera, sin ventajas e inconvenientes claros) y donde aparecen las personas «como tú y yo». Por eso, en vano encontrará en la televisión un ama de casa africana que alabe un producto de limpieza.

Sea escéptico cuando una empresa le asegure que su producto es el «más vendido». Un argumento absurdo, pues ¿por qué debe ser mejor el producto solo porque sea el «más vendido»? El escritor Somerset Maugham lo expresó así: si cincuenta millones de personas afirman una tontería, no se hará realidad por eso.

Posdata del último capítulo: la zarina Catalina II de Rusia tuvo aproximadamente cuarenta amantes, de los que se conoce el nombre de veinte.

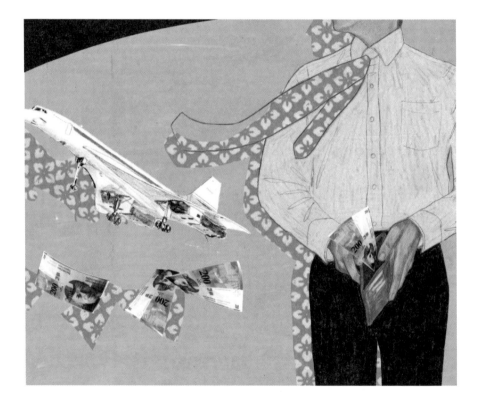

LA FALACIA DEL COSTE IRRECUPERABLE

Por qué no debería hacer caso del pasado

La película era horrible. Tras una hora le susurré a mi mujer: «Anda, vámonos a casa.» A lo que ella respondió: «Ni hablar. No hemos pagado treinta euros por las entradas para nada.» «Eso no es un argumento —protesté—, los treinta euros ya se han perdido. Has caído en la trampa de la falacia del coste irrecuperable.» «Tú y tus continuos errores de lógica», dijo ella pronunciando «errores de lógica» como si tuviera algo amargo en la boca.

Al día siguiente, reunión de marketing. La campaña publicitaria ya llevaba cuatro meses en marcha, muy por debajo del éxito previsto. Yo estaba a favor de pararla inmediatamente. El jefe de publicidad se opuso con el siguiente motivo: «Hemos invertido ya tanto dinero en la campaña que si la paramos ahora todo se irá por la borda.» También él era una víctima de la «falacia del coste irrecuperable» (*sunk cost fallacy*).

Un amigo se esforzó durante años en una relación problemática. La mujer había vuelto a engañarlo. Cada vez que él la había pillado, ella se mostraba arrepentida y suplicaba perdón. Aunque ya hacía mucho tiempo que no tenía sentido mantener una relación con esa mujer, él siempre volvía a calmarse. Cuando se lo mencioné, me explicó por qué: «He invertido tanta energía emocional en esta relación que sería una equivocación abandonarla ahora.» Una clásica falacia del coste irrecuperable.

Cada decisión, ya sea privada o empresarial, siempre sucede bajo incertidumbre. Lo que nos figuramos, puede cumplirse o no. En cualquier momento puede uno abandonar el camino tomado, por ejemplo, interrumpir el proyecto y vivir con las consecuencias. Esta ponderación ante la incertidumbre es una conducta racional. La falacia del coste irrecuperable ataca especialmente cuando ya hemos invertido mucho tiempo, dinero, energía, amor, etcétera. El dinero invertido seguirá siendo el motivo, aunque visto con objetividad no tenga sentido. Cuanto más se haya invertido, es decir, cuanto mayores sean los costes irrecuperables, más fuerte será la presión para continuar con el proyecto.

Los inversores de bolsa suelen ser víctimas de la falacia del coste irrecuperable. A menudo, en las decisiones de compra se orientan por el precio de compra. Si la cotización de una acción se encuentra por encima del precio de compra, se vende. Si la cotización está por debajo, no se vende. Eso es irracional. El precio de compra no debe jugar ningún papel. Lo que cuenta es únicamente la perspectiva de la futura evolución de la cotización (y la futura evolución de la cotización de inversiones alternativas). Cualquiera puede equivocarse, sobre todo en la bolsa. La triste broma de la falacia del coste irrecuperable es que cuanto más dinero ya haya perdido con una acción, con más fuerza se agarra uno a ella.

¿A qué se debe esta conducta irracional? La gente aspira a parecer coherente. Con coherencia indicamos credibilidad. Las contradicciones nos parecen una atrocidad. Si decidimos cancelar un proyecto a medio camino de su realización, generamos una contradicción: reconocemos haber pensado de forma diferente antes que ahora. Continuar con un proyecto sin sentido aplaza esa dolorosa asunción. Así, parecemos coherentes más tiempo.

El Concorde era el ejemplo clásico de un proyecto público deficitario. Incluso cuando ambos socios, Inglaterra y Francia, ya hacía tiempo que habían comprendido que el negocio del avión ultrasónico nunca sería rentable, siguieron invirtiendo un dineral, simplemente para salvar la cara nacional. Renunciar habría sido comparable a una capitulación. Por eso, la falacia del coste irrecuperable a veces se conoce como el efecto Concorde. No solo conduce a costosas decisiones erróneas, sino también a errores desastrosos. La guerra de Vietnam se prolongó precisamente por ese motivo: «Hemos sacrificado la vida de tantos soldados por esta guerra que sería un error rendirse ahora.»

«Ahora ya llevamos tanto camino recorrido...» «Ya he leído tantas páginas de este libro...» «Ahora ya he dedicado dos años a estos estudios...» Entre frases semejantes notará usted que la falacia del coste irrecuperable ya enseña los dientes en un rincón de su cerebro.

Hay muchos buenos motivos para seguir invirtiendo en la conclusión de algo. Y un mal motivo: tener en cuenta lo ya invertido. Decidir racionalmente significa obviar los costes acumulados. Da igual lo que ya haya invertido, solo cuenta el ahora y su estimación para el futuro.

Obligación.

LA RECIPROCIDAD

Por qué no debería dejarse invitar a una copa

Hace unas décadas —con la cultura hippie en todo su esplendor—, uno se encontraba en estaciones y aeropuertos a los discípulos de la secta Hare Krishna deambulando con sus vestimentas naranjas. A todos los peatones que pasaban apresuradamente les regalaban una pequeña flor. Los discípulos no decían mucho, un saludo, una sonrisa, eso era todo. Aunque un hombre de negocios no le viera mucha utilidad a una pequeña flor, la aceptaba de todos modos: no quería ser maleducado. Si se rechazaba el regalo, se oía un dulce «Cójala, es nuestro regalo para usted».

Quien tiraba la flor a la papelera en la bocacalle más próxima, constataba que ya había algunas. Pero eso no era el final. Mientras la mala conciencia trabajaba, un discípulo de Krishna se dirigía a usted para pedirle un donativo. En muchos casos con éxito. Esa forma de recaudar donativos era tan lucrativa que muchos aeropuertos prohibieron las sectas en sus instalaciones. El científico Robert Cialdini investigó el fenómeno de la reciprocidad más meticulosamente y descubrió que el ser humano apenas soporta estar en deuda.

Hace unos años, una pareja nos invitó a cenar a mi mujer y a mí. Les conocíamos desde hacía algún tiempo, eran agradables pero en absoluto estimulantes. No se nos ocurrió ninguna buena excusa, así que aceptamos. Pasó lo que tenía que pasar: la velada en su casa fue aburrida. No obstante, nos sentimos obligados a invitarlos igualmente a nuestra casa unos meses después. La presión por la reciprocidad nos había endosado dos veladas tediosas. Aunque al parecer a ellos no, pues unas semanas más tarde nos llegó una nueva invitación. Puedo imaginarme bien que la gente se encuentre periódicamente a lo largo de los años por pura reciprocidad, aunque hubiera preferido escapar de ese círculo vicioso hace tiempo.

Muchas ONG recaudan según el modelo de los Hare Krishna: primero regalan, después reclaman. La semana pasada una organización protectora de la naturaleza me regaló un sobre lleno de postales preciosas con todo tipo de paisajes idílicos. En la carta adjunta se decía que las postales eran un regalo para mí. No importaba si donaba algo o no, podía quedármelas. Obviamente hacían falta sangre fría y un esfuerzo consciente para tirarlas a la basura. Esa suave presión también podría llamarse corrupción, y está muy extendida en la economía. Un proveedor de tornillos invita a un cliente potencial a un partido de la Champions League. Un mes después llega la hora de encargar tornillos. El deseo de no estar en deuda es tan fuerte que el comprador cede.

La reciprocidad es un programa antiquísimo. En el fondo viene a decir: «Yo te ayudo, tú me ayudas.» Encontramos reciprocidad en todas aquellas especies animales en que la cantidad de alimentación sufre grandes oscilaciones. Supongamos que usted es un cazador-recolector y un día tiene suerte y mata un corzo. Eso es mucho más de lo que usted puede comer en un día. Aún no había neveras. Así que reparte el corzo con los miembros de su grupo. Eso le da la posibilidad de aprovechar el botín de los demás cuando tenga un día malo. El estómago de los demás es su nevera. Una estrategia de supervivencia excelente. La reciprocidad es gestión del riesgo. Sin reciprocidad, la humanidad —e innumerables especies animales— ya se habría extinguido hace mucho.

También hay un lado desagradable de la reciprocidad: la revancha. A la venganza le sigue la contravenganza, y enseguida se encuentra uno en una auténtica guerra. Lo que Jesús predicó es que romper el círculo vicioso ofreciendo al agresor la otra mejilla nos resulta tan difícil porque la reciprocidad forma parte de nuestro sólido programa de supervivencia desde hace más de cien millones de años.

Por último, una mujer me explicó por qué ya no se deja invitar a una copa en un bar: «Porque no quiero tener esa obligación subliminal de irme a la cama con él.» Eso es muy inteligente. La próxima vez que le aborden en el supermercado para que pruebe vino, queso, jamón o aceitunas, ya sabe por qué es mejor rechazarlo.

EL SESGO DE CONFIRMACIÓN (PRIMERA PARTE)

Tenga cuidado cuando se dejan caer las palabras «caso especial»

Gehrer quiere adelgazar. Empieza la dieta X. Cada mañana se sube a la báscula. Si ha adelgazado con respecto al día anterior, se permite una sonrisa y atribuye el resultado al éxito de la dieta. Si ha engordado, lo considera una fluctuación normal sin importancia y lo olvida. Durante meses vive en la ilusión de que la dieta X funciona, aunque su peso permanece más o menos constante. Gehrer es una víctima del sesgo de confirmación, de una forma inofensiva de este.

El «sesgo de confirmación» (*confirmation bias*) es la madre de todos los errores de lógica: la tendencia a interpretar la información nueva de forma que sea compatible con las teorías, ideologías y convicciones que tenemos. Dicho de otro modo: descartamos las nuevas informaciones que contradicen nuestras opiniones previas (en adelante, denominadas pruebas refutatorias). Eso es peligroso. «Los hechos no dejan de existir solo por obviarlos», dijo Aldous Huxley. Sin embargo, hacemos precisamente eso. También lo sabe el gran inversor Warren Buffett: «Lo que mejor sabe hacer la gente es tamizar la nueva información para que las opiniones existentes permanezcan intactas.» Es muy posible que Buffett precisamente por eso tenga tanto éxito, porque es consciente del peligro del sesgo de confirmación, y se obliga a pensar de forma diferente.

En economía, el sesgo de confirmación provoca enormes estragos. Por ejemplo, el consejo de administración acuerda una nueva estrategia. En adelante, todos los signos que indiquen un éxito de esta estrategia se celebrarán con euforia. Por dondequiera que se mire, se ven abundantes signos de que funciona. Los indicios contrarios o bien no se ven en absoluto, o bien se rechazan sin vacilar al considerarlos «casos especiales» y «dificultades imprevisibles». El consejo de administración está ciego ante la prueba refutatoria.

¿Qué hacer? Cuando se menciona el término «caso especial», merece la pena escuchar con mucho más detenimiento. A menudo se oculta tras una prueba refutatoria normal. Lo mejor es que se quede con Charles Darwin: desde su juventud se había preparado para combatir sistemáticamente el sesgo de confirmación. Cada vez que sus observaciones contradecían sus teorías, se las tomaba especialmente en serio. Siempre llevaba consigo un cuaderno de notas y se obligaba a anotar las observaciones que entraban en contradicción con sus teorías en un plazo de treinta minutos. Sabía que el cerebro «olvida» las pruebas refutatorias a los treinta minutos. Cuanto más firme consideraba una teoría suya, más activamente buscaba observaciones que la contradijeran. ¡Bravo!

El siguiente experimento muestra cuánto esfuerzo entraña cuestionarse las propias teorías. Un profesor presentó a sus alumnos la serie de números 2-4-6. Debían encontrar la regla subyacente que el profesor había escrito al dorso de una hoja. Los sujetos de ensayo debían dar el siguiente número de la serie, a lo que el profesor respondería «concuerda con la regla» o «no concuerda con la regla». Podían decir tantos números como quisieran, pero solo podían adivinar la regla una vez. La mayoría de los estudiantes dijeron «8», el profesor respondió «concuerda con la regla». Para asegurarse, probaron con «10», «12» y «14». El profesor respondió cada vez «concuerda con la regla», de lo que los estudiantes extrajeron una sencilla conclusión: «Entonces la regla dice: suma 2 al último número.» El profesor negó con la cabeza: «Esa no es la regla que está al dorso de esta hoja.»

Solo un alumno astuto realizó la tarea de forma diferente. Probó con «4». El profesor dijo: «No concuerda con la regla.» «¿7?» «Concuerda con la regla.» El alumno siguió intentándolo un rato con números diferentes: «menos 24», «9», «menos 43». Estaba claro que tenía una idea y que intentaba refutarla. Solo cuando ya no pudo encontrar ningún contraejemplo más, aseguró: «La regla dice: el siguiente número debe ser mayor que el anterior.» El profesor dio la vuelta a la hoja y eso era exactamente lo que ponía. ¿En qué se diferenciaba la ingeniosa cabeza de la de sus compañeros? Mientras ellos habían querido confirmar su teoría, él intentaba refutar la suya... y buscaba la prueba refutatoria muy conscientemente. Caer en el sesgo de confirmación no es un pecadillo intelectual. En el próximo capítulo veremos cómo influye en nuestra vida.

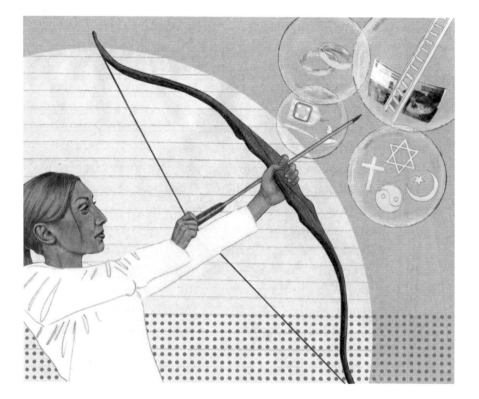

EL SESGO DE CONFIRMACIÓN (SEGUNDA PARTE)

Asesina a tus amantes

En el capítulo anterior hemos conocido al padre de todos los errores de lógica: el sesgo de confirmación. Allá van un par de ejemplos. Todos estamos obligados a formular teorías sobre el mundo, la vida, la economía, las inversiones, las carreras, etcétera. Sin suposiciones no se puede hacer. Pero cuanto más vaga es una teoría, más fuerte es el sesgo de confirmación. Quien va por la vida con la idea «las personas son buenas», encontrará suficientes confirmaciones para esa teoría. Quien va por la vida con la idea «las personas son malas», también. En ambos casos, el filántropo y el misántropo, tamizarán las «pruebas refutatorias» (*disconfirming evidence*) y obtendrán toneladas de confirmaciones de su punto de vista.

Los astrólogos y los expertos en economía funcionan según el mismo principio. Sus afirmaciones son tan vagas que atraen confirmaciones como un imán: «En las próximas semanas usted vivirá momentos tristes», o: «A medio plazo aumentará la presión de devaluación sobre el dólar.» ¿Qué significa «a medio plazo»? ¿Qué significa «presión de devaluación»? ¿Devaluación respecto a qué? ¿Al oro, al yen, a los pesos, al precio de la vivienda en Berlín, al precio de las salchichas?

Las convicciones religiosas y filosóficas, por su vaguedad, son un fabuloso caldo de cultivo para el sesgo de confirmación. Ahí prolifera con extrema ligereza. Los creyentes ven confirmado a cada paso que dios existe. Que este no se presente directamente —excepto a analfabetos en desiertos y aldeas remotas, pero nunca en una ciudad como Fráncfort o Nueva York— evidencia lo fuerte que es el sesgo de confirmación. Incluso la objeción más irrefutable se descarta tamizándola.

Ningún sector profesional padece más del sesgo de confirmación que los periodistas económicos. Suelen formular una teoría barata, añaden dos o tres «ejemplos», y ya está listo el artículo. Por ejemplo: «Google tiene tanto éxito porque la empresa vive una cultura de la creatividad.» Así que el periodista sigue, escoge dos o tres empresas que también viven la creatividad y que triunfan así (prueba confirmatoria). Pero no se toma la molestia de desenterrar pruebas refutatorias, es decir, de buscar aquellas empresas que mantienen una cultura de la creatividad y no tienen éxito; o aquellas que tienen éxito pero no cultivan la creatividad. De ambos tipos hay un montón, pero el periodista lo pasa por alto a propósito. Si mencionara algún caso, su artículo acabaría en la papelera. Por el contrario, yo enmarcaría ese artículo, una perla en el mar de las pseudoinvestigaciones inútiles.

Siguiendo el mismo principio se escriben libros de éxito y autoayuda. Se sirven las teorías más banales, algo así como: «La meditación es la llave de la felicidad.» Naturalmente, el sabio autor ofrece montañas de ejemplos que lo confirman. Por el contrario, se buscan pruebas refutatorias en vano: gente que es feliz sin meditación y gente que, pese a la meditación, es infeliz. Es lamentable cuántos lectores caen en esa clase de libros.

La maldición se mantiene gracias a que el sesgo de confirmación permanece inconsciente. Naturalmente, no nos gusta cuando disparan contra nuestras convicciones. Pero no es como si levantáramos escudos ante nuestras convicciones. Más bien es como si nos disparasen con un silenciador: los tiros llegan, pero no los oímos.

Internet facilita juntarse con personas afines. Leemos blogs que refuerzan nuestras teorías. La personalización de noticias se encarga de que las opiniones contrarias no aparezcan de entrada en nuestra pantalla de radar. Nos movemos cada vez más en comunidades de semejantes que refuerzan el sesgo de confirmación.

¿Cómo podemos protegernos? Una frase de Arthur Quiller-Couch resulta útil: «Asesina a tus amantes.» El crítico literario se dirigía así a aquellos escritores a los que suele costarles mucho tachar frases que, si bien son bellas, también son superfluas. El llamamiento de Quiller-Couch no solo sirve para los escritorcillos vacilantes, sino para todos nosotros. Conclusión: luche contra el sesgo de confirmación. Anote sus dogmas —ya sea respecto a la ideología, las inversiones, el matrimonio, la salud, las dietas, la carrera profesional— y emprenda la búsqueda de la prueba refutatoria. Matar sus teorías preferidas es un trabajo duro, pero usted, como espíritu ilustrado, no podrá evitarlo.

EL SESGO DE AUTORIDAD

Por qué debería ser irrespetuoso con las autoridades

El primer libro de la Biblia deja claro lo que pasa cuando no se obedece a la gran autoridad: te expulsan del paraíso. Eso quieren hacernos creer también las pequeñas autoridades: los expertos en política, los científicos, los médicos, los directores ejecutivos, los economistas, los jefes de gobierno, los comentaristas deportivos, los asesores de empresas y los gurús de la bolsa.

Las autoridades plantean dos problemas. En primer lugar, el balance de resultados que suele desengañar. Existen cerca de un millón de economistas graduados en este planeta. Ni uno solo ha pronosticado con exactitud la cadencia de la crisis económica, por no hablar de cómo se desarrolla la secuencia desde el estallido de la burbuja inmobiliaria hasta la pura crisis económica, pasando por el hundimiento de los seguros de impago de deuda. Nunca había fallado más espectacularmente un grupo de expertos. Un ejemplo del campo de la medicina: hasta el año 1900 se puede demostrar que era mejor no ir al médico al enfermar, porque el médico podía empeorar las cosas (escasa higiene, sangrías y otras prácticas erróneas).

Que sea demostrable que las autoridades suelen equivocarse es solo uno de los problemas. Equivocarse es humano. Resulta más grave el hecho de que, en presencia de una autoridad, hagamos retroceder un paso el pensamiento independiente. Somos menos cuidadosos ante las opiniones de los expertos que ante otras opiniones. Y obedecemos a las autoridades, incluso en aquello que racional o moralmente no tiene sentido. Ese es el sesgo de autoridad.

Quien lo demostró más claramente fue el joven psicólogo Stanley Milgram en 1961 con un experimento. Se solicitó a los sujetos que le dieran a otra persona, que estaba sentada al otro lado de un cristal, impulsos de corriente cada vez más fuertes. Empezando por 15 voltios, después 30, 45, etcétera, hasta 450 voltios casi mortales. Aunque la persona electrocutada gritara y temblara de dolor (no circulaba electricidad, era un actor) y el sujeto de experimentación quisiera interrumpir el experimento, el profesor Milgram decía tranquilamente: «Continúe, el experimento lo requiere.» Y la mayoría seguía. Más de la mitad de los sujetos alcanzaron a dar la máxima intensidad de corriente... por pura obediencia a la autoridad.

Que el sesgo de autoridad puede ser peligroso, lo han aprendido las compañías aéreas en las últimas décadas. Muchos accidentes tienen su origen en que el comandante del avión comete un error que el copiloto advierte, pero no se atreve a mencionarlo por mera confianza en la autoridad. Desde hace unos quince años, los pilotos de casi todas las compañías se forman en gestión de recursos de la tripulación (un procedimiento conocido como CRM, siglas del inglés *Crew Resource Management*). Gracias a este procedimiento, aprenden a abordar las incongruencias abierta y rápidamente. En otras palabras: se entrenan para eliminar el sesgo de autoridad.

En muchas empresas van con décadas de retraso respecto a las aerolíneas. Si hay un director ejecutivo dominante, existe un gran peligro de que los empleados sucumban al sesgo de autoridad. Con gran perjuicio para las empresas.

Los expertos quieren ser reconocidos. Por eso deben indicar su estatus de algún modo. Los médicos y los investigadores con su bata blanca. Los directores de banco con el traje y la corbata. La corbata no tiene ninguna función, solo es una señal. Los reyes llevan coronas. En el ejército hay insignias de rango. En la Iglesia católica los signos de autoridad están muy bien marcados. En la actualidad también cuentan otras señales: invitaciones a programas de entrevistas, libros y publicaciones.

En cada época se ponen de moda diferentes autoridades. A veces son los curas, otras veces son reyes, guerreros, papas, filósofos, poetas, estrellas del rock, presentadores de televisión, fundadores de empresas puntocom, directores de fondos de inversión, presidentes de bancos centrales. También hay una moda de autoridad, y la sociedad la sigue encantada. Pero se vuelve abstrusa si las autoridades quieren ser tomadas en serio más allá de su especialidad. Por ejemplo, si un tenista profesional recomienda una cafetera, o una actriz pastillas para la migraña. Veremos más al respecto en el capítulo sobre el efecto halo.

Siempre que me encuentro con un experto, intento desafiarlo. Hágalo usted también. Cuanto más crítico sea ante las autoridades, más libre será. Y más podrá fiarse de sí mismo.

EL EFECTO CONTRASTE

Por qué debería dejar en casa a su amiga modelo

En su libro *Influencia*, Robert Cialdini cuenta la historia de dos hermanos, Sid y Harry, que en la década de 1930 regentaron una tienda de ropa en Estados Unidos. Sid era el responsable de las ventas, Harry dirigía el taller de confección. Siempre que Sid notaba que al cliente que estaba delante del espejo le gustaba de verdad un traje, se hacía un poco el sordo. Cuando el cliente preguntaba a continuación por el precio, Sid llamaba a su hermano: «Harry, ¿cuánto cuesta este traje?» Harry levantaba la vista de la mesa de corte y respondía a gritos: «Ese bonito traje de algodón, cuarenta y dos dólares», un precio absolutamente excesivo en aquella época. Sid hacía como si no hubiera oído bien: «¿Cuánto?» Y Harry repetía: «¡Cuarenta y dos dólares!» Entonces Sid se giraba hacia el cliente: «Dice que veintidós dólares.» En ese punto, el cliente depositaba al momento los 22 dólares sobre la mesa y se apresuraba a marcharse de la tienda con su cara pieza antes de que el pobre Sid se diera cuenta de su «error».

Quizá conoce usted el siguiente experimento de su época escolar. Tome dos cubos. Llene el primero con agua tibia y el segundo con agua helada. Introduzca la mano derecha un minuto en agua helada. Después, meta las dos manos a la vez en agua tibia. ¿Qué nota? La izquierda siente el agua tibia, y la derecha, caliente.

Tanto la historia de Sid y Harry como el experimento del agua se basan en el efecto contraste: juzgamos algo más bonito, caro, grande, etcétera, cuando al mismo tiempo tenemos ante nosotros algo feo, barato, pequeño, etcétera. Nos cuesta hacer valoraciones absolutas.

El efecto contraste es un error de lógica frecuente. Uno encarga asientos de cuero para su coche nuevo porque los 3.000 que cuestan son una nimiedad en comparación con los 60.000 que cuesta el coche. Todas las marcas que viven de las opciones de equipamiento juegan con ese engaño.

Pero el efecto contraste también funciona de otro modo. Los experimentos demuestran que la gente asume andar diez minutos para ahorrarse diez euros en alimentación. Pero a nadie se le ocurriría andar diez minutos para comprar un traje por 979 euros en vez de por 989 euros. Un comportamiento irracional, pues diez minutos son diez minutos y diez euros son diez euros.

Absolutamente inimaginables sin el efecto contraste son las tiendas de descuento. Un producto que se ha rebajado de 100 a 70 euros parece más barato que un producto que siempre costó 70. Ahí no debe jugar ningún papel cuál era el precio original. Sin pensar, un accionista me dijo: «La acción está barata porque se halla un 50 por ciento por debajo de la cotización máxima.» Yo negué con la cabeza. Una cotización bursátil nunca está «baja» o «alta». Es lo que es y solo cuenta la pregunta de si subirá o bajará a partir de ese punto.

En contraste, reaccionamos como pájaros ante un disparo. Revoloteamos y nos activamos. El inconveniente: no percibimos los pequeños cambios graduales. Un mago te roba el reloj porque ejerce una fuerte presión en otra parte de tu cuerpo, de forma que el ligero contacto en tu muñeca no se note en absoluto. Igual de poco notamos cómo desaparece nuestro dinero. Pierde valor continuamente, pero no lo notamos porque la inflación se diluye gradualmente. Si nos lo impusieran en forma de crudo impuesto —lo que es en realidad—, estaríamos indignados.

El efecto contraste puede arruinar vidas enteras. Una mujer encantadora se casa con un hombre corriente. ¿Por qué? Sus padres eran horribles y por eso un tío normal le parece mejor de lo que realmente es. Y para concluir, bombardeados con publicidad de supermodelos incluso las mujeres bellas parecen medianamente atractivas. Si es usted mujer y busca a un hombre, nunca vaya acompañada de su amiga modelo. Los hombres la considerarán menos atractiva de lo que es en realidad. Vaya sola. E incluso mejor: llévese a dos amigas feas a la fiesta.

EL SESGO DE DISPONIBILIDAD

Por qué preferiría usar un plano falso antes que ninguno

«Durante toda su vida fumó tres paquetes de cigarrillos al día y vivió más de cien años. Así que fumar no puede ser tan dañino.» O: «Hamburgo es una ciudad segura. Conozco a una persona que vive en el centro de Blankenese. Nunca cierra la puerta con llave, ni siquiera cuando se marcha de vacaciones, y jamás le han entrado a robar.» Este tipo de frases quieren demostrar algo... pero no demuestran absolutamente nada. Los que hablan así han caído en el sesgo de disponibilidad.

¿Hay más palabras alemanas que empiezan con R o que terminan con R? Respuesta: hay más del doble de palabras alemanas que terminan con R que las que empiezan con R. ¿Por qué se equivoca la mayoría de gente a la que se plantea esta pregunta? Porque se nos ocurren más rápidamente palabras que empiezan por R. Dicho de otro modo: están más disponibles.

El sesgo de disponibilidad indica lo siguiente: nos creamos una imagen del mundo en función de la facilidad con que se nos ocurren ejemplos. Lo que obviamente es de idiotas, pues fuera, en el mundo real, las cosas no suceden con más frecuencia solo porque nos las podamos imaginar mejor.

Gracias al sesgo de disponibilidad, nos paseamos por el mundo con un mapa de riesgos falso en la cabeza. Así, sobrevaloramos sistemáticamente el riesgo de morir en un accidente aéreo, en uno de coche o asesinados. E infravaloramos el riesgo de morir por causas menos espectaculares, como diabetes o cáncer de estómago. Los atentados terroristas son mucho más raros de lo que creemos, las depresiones agudas mucho más frecuentes. A todo lo que es estridente o ruidoso le atribuimos una probabilidad muy elevada. A todo lo que es silencioso e invisible, una muy baja. Lo espectacular, estridente y ruidoso está más disponible para el cerebro que lo contrario. Nuestro cerebro piensa dramáticamente, no cuantitativamente.

Los médicos suelen ser especialmente víctimas del sesgo de disponibilidad. Tienen su terapia preferida, que aplican a todos los casos posibles. Quizás habría tratamientos más adecuados, pero no los tienen presentes en su cabeza. Así que ponen en práctica lo que conocen. Los asesores de empresas no son mejores. Si se encuentran ante una situación completamente nueva, no se llevarán las manos a la cabeza y suspirarán: «No sé bien qué podría aconsejarles.» No; ponen en marcha uno de sus procesos de asesoramiento habituales, tanto si encaja como si no.

Si algo se repite a menudo, facilitamos a nuestro cerebro volver a utilizarlo. Ni siquiera tiene por qué ser cierto. ¿Con cuánta frecuencia repitieron los mandos nazis el término «cuestión judía» hasta que las masas se convencieron de que había un problema serio? Solo hace falta repetir suficientes veces las palabras «ovni», «energía vital» o «karma»; de repente, se cree en ellas.

En los consejos de administración, el virus del sesgo de disponibilidad se oculta bien. Los jefes discuten sobre lo que les presenta la dirección (principalmente, las cifras trimestrales), en vez de sobre cosas que la dirección no presenta pero que serían más importantes, como una hábil jugada de la competencia, el descenso de la motivación entre la plantilla o un inesperado cambio en el comportamiento de los clientes. Siempre lo vuelvo a ver: la gente usa en primer lugar datos o recetas fáciles de conseguir. Sobre esta base, se toman decisiones... a menudo con resultados desastrosos. Por ejemplo, desde hace diez años se sabe que la fórmula conocida como BlackScholes para el cálculo de precios de productos financieros derivados no funciona. Pero no se tiene otra. Así pues, se prefiere usar una fórmula falsa antes que ninguna. Lo mismo sucede con la volatilidad. Tenerla en cuenta para medir el riesgo de un producto financiero es una equivocación. Pero es fácil de calcular. Por tanto, la utilizamos en casi todos los modelos financieros. El sesgo de disponibilidad le ha regalado así a los bancos pérdidas millonarias. Es como si uno estuviera en una ciudad desconocida sin plano, pero en el bolsillo tiene el plano de otra ciudad y entonces usa este. Mejor un mapa falso que ninguno.

Como ya cantó Frank Sinatra: *Oh, my heart is beating wildly / And it's all because you're here. / When I'm not near the girl I love, / I love the girl I'm near* (Oh, mi corazón late ardientemente / y es porque tú estás aquí. / Cuando no estoy cerca de la chica que amo, / amo a la chica de la que estoy cerca). Un sesgo de disponibilidad perfecto. Para contrarrestarlo, júntese con gente que piense diferente de usted, gente con experiencias distintas. Pues en solitario no tiene posibilidad alguna de derrotar al sesgo de disponibilidad.

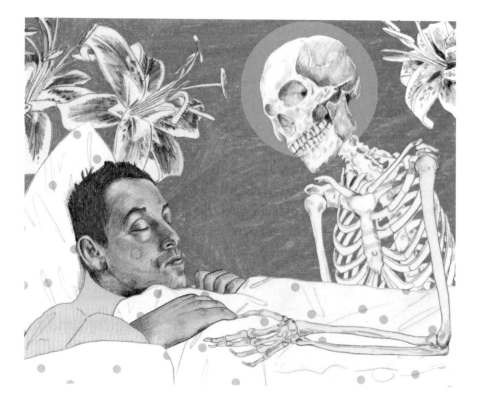

LA TRAMPA DE «EMPEORARÁ ANTES DE MEJORAR»

Si alguien habla de una «vía dolorosa», deberían sonar las alarmas

Hace unos años estaba en Córcega de vacaciones y enfermé. Los síntomas eran nuevos para mí. Los dolores aumentaban cada día. Finalmente decidí dejarme examinar. El joven médico empezó a auscultarme y palparme, me presionó alrededor del estómago, después en los hombros, las rodillas. Palpó cada vértebra. Poco a poco intuí que no tenía ni idea. Pero yo no estaba seguro y soporté la tortura. Como señal de que la exploración había acabado, sacó el bloc de notas y dijo: «Antibióticos. Una pastilla tres veces al día. Antes de mejorar, empeorará.» Contento por tener ya un diagnóstico, me arrastré de vuelta a la habitación del hotel.

Los dolores realmente empeoraron, como había pronosticado. Así pues, ese médico sabía de lo que hablaba. Cuando el suplicio no disminuía tres días después, lo llamé por teléfono. «Aumente la dosis a cinco veces al día. Todavía le dolerá un tiempo», dijo. Lo hice. De regreso en Suiza, dos días después llamé al servicio de emergencias. El médico constató que tenía apendicitis y me operó de inmediato. «¿Por qué demonios ha tardado tanto?», me preguntó tras la operación. «El desarrollo de la enfermedad se correspondía con el pronóstico, así que confié en ese joven médico.» «Usted ha sido víctima de la trampa "empeorará antes de mejorar". El médico corso no tenía ni idea. Seguramente era un enfermero, como los que se encuentran en temporada alta en todos los destinos turísticos.»

Veamos otro caso, un director ejecutivo que estaba completamente desconcertado. Las cifras de ventas, por los suelos. Los vendedores, desmotivados. Acciones de marketing que acaban en nada. En su desesperación, contrató a un asesor que, por cinco mil euros al día, analizó la empresa y volvió con este diagnóstico: «Su departamento de ventas no tiene visión y sus marcas no están claramente posicionadas. La situación está enmarañada. Puedo enderezarla por usted. Pero no en un día. El problema es complejo y las medidas requieren tacto. Antes de que la situación mejore, las ventas volverán a caer.» El director ejecutivo contrató al asesor. Un año después las cifras de ventas seguían cayendo. También en el siguiente. Una y otra vez, el consultor subrayaba que el desarrollo de la empresa encajaba exactamente con su pronóstico. Cuando después del tercer año las cifras continuaban cuesta abajo, el director ejecutivo por fin despidió al asesor.

La trampa de «empeorará antes de mejorar» es una variante del denominado sesgo de confirmación. Un experto mediocre o inseguro hace bien en recurrir a este truco. Si las cosas siguen empeorando se confirmará su pronóstico. Si inesperadamente suben, el cliente se alegrará y el experto podrá atribuir la mejoría a sus conocimientos. De una manera u otra, siempre tendrá razón.

Supongamos que usted se convierte en presidente de un país y que no tiene ni la más remota idea de cómo dirigirlo. ¿Qué debe hacer? Pronosticar «años difíciles», pedir a sus ciudadanos «apretarse más el cinturón», y prometer una mejoría de la situación solo tras esa «fase delicada» de «limpieza», «depuración» y «reestructuración». Y dejará deliberadamente en blanco la duración y la profundidad que tendrá ese valle de lágrimas.

La mejor prueba del éxito de esta estrategia la ofrece el cristianismo: antes de que llegue el paraíso en la Tierra, dice, el mundo debe sucumbir. La catástrofe, el diluvio, el incendio del mundo, la muerte... forman parte de un plan divino y deben existir. El creyente verá en cada empeoramiento de la situación una confirmación de la profecía, y en cada mejoría, un regalo de Dios.

Conclusión: si alguien dice «empeorará antes de mejorar», en la cabeza del oyente deben sonar las alarmas. Pero cuidado, en realidad hay situaciones en las que primero se baja y después se sube. Un cambio de carrera profesional tal vez lleve tiempo y suponga una disminución de ingresos. La reorganización de un departamento en una empresa necesita cierto tiempo. Pero en todos estos casos se ve con relativa rapidez si las medidas funcionan. Los hitos son claros y comprobables. Alce la vista, pero no hasta el cielo.

Derrumbe de un puente. Historia de los desafortunados.

EL SESGO DEL RELATO

Por qué incluso las historias reales mienten

«Probamos historias como se prueban prendas de ropa», escribe Max Frisch.

La vida es un lío, peor que un ovillo de lana. Imagínese un marciano invisible que le siga con una libreta también invisible y anote todo lo que usted hace, piensa y sueña. El acta de su vida constaría de observaciones como «café bebido, dos terrones de azúcar», «chincheta pisada y mundo maldecido», «soñado: vecina besada», «vacaciones reservadas, Maldivas, endemoniadamente caro», «pelo en la oreja arrancado de un tirón», etcétera. Con este caos de pormenores hilamos un relato. Queremos que nuestra vida forme una línea que podamos seguir. Muchos dan a este cordel guía el nombre de «sentido». Si nuestro relato transcurre recto durante muchos años, lo llamamos «identidad».

Lo mismo hacemos con los detalles de la historia mundial. Los metemos a presión en un relato inobjetable. ¿El resultado? De repente, «entendemos», por ejemplo, por qué el Tratado de Versalles condujo a la Segunda Guerra Mundial, o por qué la relajada política monetaria de Alan Greenspan condujo a la quiebra de Lehman Brothers. Entendemos por qué el Telón de Acero tenía que caer o Harry Potter convertirse en un éxito de ventas. Lo que decimos «entender» obviamente nadie lo entendió en-

tonces. En realidad, nadie podía entenderlo. Construimos el
«sentido» posteriormente, hacia dentro. Así pues, los relatos son
un asunto dudoso, pero por lo visto no podemos estar sin ellos.
Por qué no, no está claro. Lo que está claro es que la gente entendió el mundo por primera vez a través de relatos antes de empezar a pensar científicamente. La mitología es más antigua que la
filosofía. En eso consiste el sesgo del relato: los relatos tergiver-
san y simplifican la realidad. Apartan todo lo que no quiere en-
cajar bien.

En los medios de comunicación, el sesgo del relato causa estragos como una epidemia. Por ejemplo, un coche circula por
un puente. De repente el puente se rompe. ¿Qué leeremos al día
siguiente en los periódicos? Nos enteraremos de la historia del
desgraciado que iba en el coche, de dónde venía y adónde se dirigía. Conoceremos su biografía: nacido en tal sitio, criado en
tal otro, de profesión no sé qué. En caso de que haya sobrevivido y pueda conceder entrevistas, oiremos exactamente cómo se
sintió al romperse el puente. Lo absurdo: ninguna de estas historias es relevante. En realidad, lo relevante no es el desgraciado, sino la construcción del puente: ¿Dónde estaba exactamente
el punto débil? ¿Fue fatiga de los materiales y, en ese caso, en
qué parte? Si no lo fue, ¿estaba el puente dañado? Si lo fue, ¿por
qué? ¿O se utilizó un principio de construcción básicamente in-
adecuado? El problema de todas estas preguntas relevantes es
que no se dejan meter en un relato. Nos sentimos atraídos hacia
los relatos, repelidos por los hechos abstractos. Eso es una maldición, pues los aspectos relevantes pierden valor en beneficio
de los irrelevantes. (Y al mismo tiempo es una suerte, pues de lo
contrario solo habría libros de no ficción y ninguna novela.)

¿Cuál de las siguientes historias recordaría usted mejor? A)
«El rey se murió y después la reina se murió.» B) «El rey se murió y después la reina se murió de pena.» Si usted funciona como
la mayoría de la gente, retendrá mejor la segunda historia. En
ella las dos muertes no se suceden sin más, sino que están enla-
zadas emocionalmente entre sí. La historia A es un relato de los

hechos. La historia B le da «sentido». Según la teoría de la información, en realidad la historia A debería ser más fácil de almacenar. Es más breve. Pero nuestro cerebro no funciona así.

La publicidad que cuenta una historia funciona mejor que la enumeración racional de las ventajas de un producto. Visto sin adornos, las historias son secundarias en relación con el producto. Pero nuestro cerebro no funciona así. Quiere historias. Google lo demuestra magistralmente en el anuncio estadounidense de la Super Bowl de 2010, que puede encontrarse en YouTube buscando «Google Parisian Love».

Conclusión: desde la propia biografía hasta los acontecimientos mundiales, todo lo moldeamos hasta convertirlo en relatos «con sentido». Así, desfiguramos la realidad, y eso merma la calidad de nuestras decisiones. Para contrarrestarlo, desmonte las historias. Pregúntese: ¿qué quiere ocultar el relato? Y para practicar, intente ver su propia biografía por una vez deslavazada. Se sorprenderá.

EL PREJUICIO DE RETROSPECTIVA

Por qué debería escribir un diario

He encontrado los diarios de mi tío abuelo. En 1932 emigró de Lenzburg a París en busca de suerte en la industria del cine. En agosto de 1940 —un mes después de la ocupación alemana— anotó: «Aquí todos cuentan con que, a finales de año, se retirarán. También me lo confirman los oficiales alemanes. Tan rápido como cayó Francia caerá Inglaterra. Y después por fin volveremos a recuperar nuestra rutina parisina, aunque como parte de Alemania.»

Quien hoy en día abra un libro de historia de la Segunda Guerra Mundial, se enfrentará a una historia completamente diferente. Los cuatro años de ocupación de Francia parecen consecuencia de una lógica bélica contundente. En retrospectiva, el transcurso real de la guerra parece el más probable de todos los escenarios. ¿Por qué? Porque somos víctimas del «prejuicio de retrospectiva» (*hindsight bias*).

Quien hoy en día lee los pronósticos económicos de 2007 se sorprende de lo positivas que resultaron entonces las perspectivas para los años 2008-2010. Un año después, en 2008, el mercado financiero implosionó. Interrogados sobre las causas de la crisis financiera, los mismos expertos responden hoy con una historia contundente: aumento de la cantidad de dinero con Greenspan, concesión de hipotecas relajada, agencias de calificación crediticia corruptas, regulación informal del capital riesgo, etcétera. Retrospectivamente, la crisis financiera parece absolutamente lógica e ineludible. Sin embargo, ni un solo economista —en todo el mundo hay alrededor de un millón— pronosticó su desarrollo exacto. Al contrario, raro es el grupo de expertos que haya caído tan de cabeza en la trampa del prejuicio de retrospectiva.

El prejuicio de retrospectiva es, en realidad, uno de los errores de lógica más persistentes. Se puede denominar acertadamente como el «fenómeno del ya lo sabía yo»: en retrospectiva todo parece derivarse de una necesidad razonable.

Un director ejecutivo que, gracias a circunstancias afortunadas, ha alcanzado el éxito, al mirar atrás, considera su probabilidad de éxito mucho mayor que si fuera objetivo. Para los comentaristas, la enorme victoria electoral de Ronald Reagan sobre Jimmy Carter en 1980 resultó comprensible a posteriori, incluso inevitable, aunque las elecciones estaban muy reñidas hasta pocos días antes de la jornada electoral. Hoy los periodistas económicos escriben que el impacto de Google fue ineludible, aunque todos habrían sonreído si en 1998 se le hubiera pronosticado semejante futuro a esa nueva empresa de internet. Y otro ejemplo especialmente extremo: que un único disparo en Sarajevo en 1914 marcaría el mundo durante los siguientes treinta años y tendría un coste de cincuenta millones de vidas humanas parece trágico, pero plausible visto en retrospectiva. Todo niño lo aprende en el colegio. Pero entonces, en 1914, nadie habría imaginado semejante escalada. Habría sonado a puro absurdo.

¿Por qué el prejuicio de retrospectiva es tan peligroso? Porque nos hace creer que pronosticando somos mejores de lo que en realidad somos. Eso nos hace arrogantes y nos induce a falsas decisiones. Y también en el caso de «teorías» privadas: «¿Te has enterado?, Sylvia y Klaus ya no están juntos. Eso solo podía acabar mal, con lo diferentes que son.» O: «Eso solo podía acabar mal, se parecen demasiado.» O: «Eso solo podía acabar mal, se pasaban todo el día juntos.» O: «Eso solo podía acabar mal, apenas se veían.»

Luchar contra el prejuicio de retrospectiva no es sencillo. Los estudios han demostrado que la gente que lo conoce cae en la trampa con la misma frecuencia que los demás. En ese sentido, usted ha perdido el tiempo leyendo este capítulo.

Pero hay otro consejo, más por experiencia personal que científica: lleve un diario. Apunte sus predicciones —sobre política, carrera profesional, peso corporal, bolsa—. Compare sus notas de vez en cuando con la evolución real. Se quedará sorprendido de lo mal pronosticador que es. Y también lea historia. No las teorías compactas a posteriori, sino los diarios, recortes de prensa, protocolos de aquellos tiempos. Eso le dará una sensación mucho más real de la imprevisibilidad del mundo.

LA SABIDURÍA DE CHÓFER

Por qué no puede tomarse en serio al presentador de noticias

Tras haber recibido el Premio Nobel de Física en 1918, Max Planck hizo una gira por toda Alemania. Dondequiera que fuera invitado, pronunciaba la misma conferencia sobre la nueva mecánica cuántica. Con el tiempo, su chófer se sabía la conferencia de memoria. «Profesor Planck, debe de resultarle aburrido dictar siempre la misma conferencia. Le sugiero ponerme yo en su lugar en Múnich y que usted se siente en la primera fila con mi gorra de chófer. Así ambos experimentaríamos un pequeño cambio.» A Planck le divirtió y estuvo de acuerdo, y así el chófer dio la larga conferencia sobre mecánica cuántica ante un público conocedor del tema. Tras un rato, un profesor de física se dirigió a él con una pregunta. El chófer respondió: «Nunca me hubiera imaginado que en una ciudad tan avanzada como Múnich plantearían una pregunta tan sencilla. Le pediré a mi chófer que responda por mí.»

Según Charlie Munger, uno de los inversores más conocidos del mundo, a quien debo la historia de Max Planck, hay dos formas de conocimiento. Por una parte, el conocimiento auténtico. Proviene de personas que han pagado su conocimiento con una gran cantidad de tiempo y trabajo intelectual. Por otra parte, el conocimiento de chófer. En el sentido del relato de Munger, los chóferes son gente que simulan saber. Han aprendido a representar un espectáculo. Quizá poseen una voz genial o un aspecto convincente, pero el conocimiento que difunden es hueco. Despilfarran elocuentemente palabras sin fondo.

Por desgracia, resulta cada vez más difícil diferenciar el conocimiento auténtico del conocimiento de chófer. Con los presentadores de noticias todavía es sencillo. Son actores. Punto. Todos lo saben. Y aun así siempre vuelve a sorprender el respeto que se tributa a estos maestros de la palabrería. Se les contrata por mucho dinero para moderar paneles y debates cuyos temas apenas conocen.

Con los periodistas ya es más complicado. En este caso hay algunos que han adquirido conocimientos sólidos. A menudo con bastantes años a sus espaldas, son periodistas que a lo largo del tiempo se han especializado en una gama de temas claramente definida. Se esfuerzan realmente por comprender y reflejar la complejidad de las circunstancias. Escriben largos artículos en los que analizan numerosos casos y excepciones.

Sin embargo, la mayoría de periodistas cae, por desgracia, en la categoría «chófer». En el mínimo tiempo, por arte de magia se sacan de la manga artículos sobre cualquier tema, o mejor aún: de internet. Sus textos son parciales, breves y, a menudo para compensar su conocimiento de chófer, irónicos.

Cuanto mayor es una empresa, más se espera de la habilidad para el espectáculo del director ejecutivo, la denominada competencia comunicativa. Alguien callado y obstinado pero trabajador nato no sirve, al menos no en la cumbre. Los accionistas y periodistas económicos creen abiertamente que un entretenedor proporciona mejores resultados, lo que obviamente no es verdad.

Warren Buffet —socio de Charlie Munger— emplea un concepto maravilloso: «círculo de competencia» (circle of competence). Lo que se encuentra dentro del círculo se entiende como un profesional. Lo que queda fuera no se entiende como tal o solo en parte. El lema de Buffet: «Conozca su círculo de com-

petencia y manténgase dentro del mismo. No es tan tremendamente importante lo grande que sea ese círculo, pero sí saber
por dónde pasa la circunferencia.» Charlie Munger lo amplía:
«Usted debe averiguar dónde están sus talentos. En caso de probar suerte fuera de su círculo de competencia, tendrá una carrera ridícula. Casi se lo puedo garantizar.»

Conclusión: desconfíe del conocimiento de chófer. No con-
funda al portavoz de la empresa, al entretenedor, al presentador
de noticias, al bocazas, al aficionado a las palabras vacías, al re-
partidor de clichés, con un auténtico iniciado. ¿Cómo recono-
cerlos? Hay una señal clara: los auténticos iniciados saben qué
saben y qué no saben. Si alguien de ese calibre se encuentra fuera
de su «círculo de competencia», o bien permanece callado o bien
dice: «Eso no lo sé.» Pronuncia esa frase sin pena, incluso con
cierto orgullo. De los «chóferes» se oye de todo, menos esa frase.

La ilusión de control

Usted tiene menos cosas bajo control de lo que piensa

Cada día, poco antes de las nueve, un hombre con una gorra roja va a una plaza y se pone a agitar la gorra violentamente de un lado a otro. A los cinco minutos desaparece. Un día se le acercó un policía:

—¿Qué hace usted en realidad?

—Espanto jirafas.

—Aquí no hay jirafas.

—Ya, es que hago un buen trabajo.

Un amigo con la pierna rota, confinado en una cama, me pidió que le consiguiera en el quiosco un boleto de lotería primitiva. Marqué seis números con una cruz y pagué. Cuando le entregué el resguardo, dijo malhumorado:

—¿Por qué lo has rellenado tú? Quería rellenarlo yo. ¡Con tus números seguro que no gano nada!

—¿De verdad crees que puedes influir en el sorteo poniendo las cruces de tu puño y letra? —repuse. Él me miró sin comprender.

En los casinos, la mayoría de la gente lanza los dados con la mayor fuerza posible cuando necesita un número elevado, y lo más suavemente posible cuando esperan uno bajo. Lo que, obviamente, también carece de sentido son los movimientos de pies y manos de los aficionados al fútbol, que hacen como si ellos mismos intervinieran en el juego. Esa ilusión la comparten con muchas personas: quieren influir en el mundo enviando buenos pensamientos (vibraciones, energía, karma).

La ilusión de control es la tendencia a creer que podemos dominar o influir en algo sobre lo que objetivamente no se tiene ningún control. La descubrieron en 1965 los investigadores Jenkins y Ward. El método para probarlo era sencillo: dos interruptores y una luz que estaba encendida o apagada. Jenkins y Ward podían ajustar la relación entre la potencia del interruptor y la luz. Incluso en los casos en que la lámpara se encendía o apagaba por casualidad, los sujetos de estudio estaban convencidos de poder influir de algún modo en la luz mediante la presión del interruptor.

Un científico estadounidense investigó la sensibilidad acústica al dolor encerrando a gente en una sala insonorizada y subiendo progresivamente el volumen hasta que los sujetos de experimentación hacían un gesto con la mano. Había disponibles dos salas insonorizadas idénticas, A y B, con una diferencia: la B tenía un botón del pánico rojo en la pared. ¿El resultado? Los de la sala B aguantaban notablemente más ruido. La gracia está en que el botón del pánico ni siquiera funcionaba. Tan solo la ilusión bastaba para elevar el umbral del dolor. Si usted ha leído a Alexandr Solzhenitsyn, Viktor Frankl o Primo Levi, no debería sorprenderse de este resultado. La ilusión de que uno puede influir un poco en su propio destino permitió a estos prisioneros sobrevivir a cada nuevo día.

Quien quiere cruzar la calle en Manhattan y pulsa el botón del semáforo, pulsa un botón que no funciona. Entonces ¿para qué está ahí? Para hacer creer a los peatones que tienen alguna influencia en el control de la señal. Así soportan mejor la espera en el semáforo. Lo mismo sucede en muchos ascensores con los botones de abrir y cerrar puertas que no están conectados a los mandos del ascensor. La ciencia los llama «botones placebo». O la regulación de la temperatura en las oficinas diáfanas: para unos hace demasiado calor, para otros demasiado frío. Los técnicos inteligentes se aprovechan de la ilusión de control colocando en cada piso un termostato falso. De ese modo, el número de reclamaciones se reduce considerablemente.

Los bancos emisores y los ministros de Economía tocan todo un teclado de botones placebo. Que los botones no funcionan se ve desde hace veinte años en Japón y desde hace algunos en Estados Unidos. Y aun así dejamos la ilusión a los que dirigen la economía... y ellos a nosotros. Sería insoportable para todos los implicados asumir que la economía mundial es un sistema fundamentalmente ingobernable.

¿Y usted? ¿Controla su vida? Probablemente menos de lo que piensa. No se considere un Marco Aurelio que se domina estoicamente. Más bien es la persona con la gorra roja. Por eso, concéntrese en las pocas cosas en las que realmente puede influir... y de estas solo en las más importantes. Deje que todo lo demás suceda.

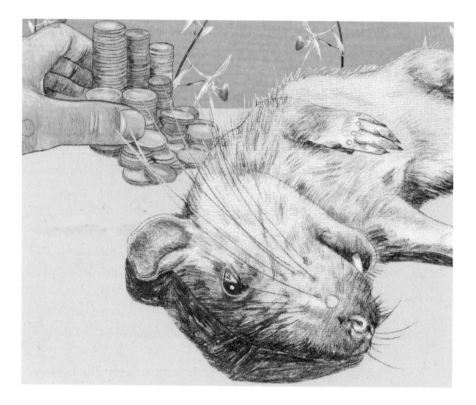

LA TENDENCIA INCENTIVO-SUPERRESPUESTA

Por qué no debería pagar a su abogado por horas

La administración colonial francesa de Hanói aprobó una ley: por cada rata muerta que se entregara habría una recompensa. Se pretendía controlar la plaga de roedores, pero la ley llevó a que se criaran ratas.

Cuando en 1947 se descubrieron los rollos del mar Muerto, los arqueólogos ofrecieron una gratificación por cada nuevo pergamino. Resultado: los manuscritos fueron desgarrados para elevar su número. Lo mismo sucedió en China en el siglo XIX, cuando se ofreció una gratificación por cada hueso de dinosaurio encontrado. Los campesinos desenterraban huesos de dinosaurio conservados enteros, los destrozaban y cobraban el doble, el triple o incluso más.

El consejo de administración de una empresa prometió a la dirección un bono por alcanzar objetivos. ¿Qué ocurrió? Que los directivos dedicaron más energías a acordar los objetivos más bajos posibles en vez de ocuparse en administrar para obtener ganancias.

Estos son ejemplos de la «tendencia incentivo-superrespuesta» (*incentive-superresponse tendency*). En primer lugar, describe una circunstancia banal: la gente reacciona a sistemas de incentivos. No es ninguna sorpresa. La gente actúa según sus propios intereses. Lo asombroso son dos aspectos secundarios.

En primer lugar, la rapidez y radicalidad con que la gente cambia su comportamiento cuando los incentivos entran en juego o varían. En segundo lugar, que la gente reacciona a los incentivos, pero no al propósito tras esos incentivos.

Los buenos sistemas de incentivos cubren objetivo e incentivo. Un ejemplo: en la Antigua Roma, el ingeniero de un puente tenía que estar debajo de los arcos del mismo cuando se inauguraba. Un acicate bastante bueno para construir puentes suficientemente estables. Los malos sistemas de incentivos, por el contrario, pasan por alto el objetivo o lo pervierten. Algo parecido pasa al censurar un libro: por lo general su contenido pasa a conocerse pormenorizadamente. O con los empleados de banco a los que se paga por crédito concedido: acumularán una cartera de créditos malísima.

¿Quiere influir en el comportamiento de personas u organizaciones? Entonces, puede predicar valores y visiones. Puede apelar al sentido común. Pero casi siempre es más fácil tirar de incentivos. En ese caso, los incentivos no deben ser pecuniarios. Desde las notas escolares hasta un trato especial en la próxima vida pasando por el premio Nobel, todo es posible.

Durante mucho tiempo me he preguntado por qué en la Alta Edad Media había personas cuerdas, sobre todo nobles, que montaban en sus caballos para participar en las Cruzadas. El agotador viaje a caballo hasta Jerusalén duraba como mínimo seis meses y atravesaba regiones hostiles. Todo eso lo conocían los participantes. ¿Para qué esa empresa tan arriesgada? Una cuestión de sistema de incentivos. Si se regresaba con vida, se podía conservar el botín. Si se moría, se accedía automáticamente al otro mundo en calidad de mártir, con todos los beneficios que correspondían a tal estatus. O sea, las Cruzadas eran un buen negocio cualquiera que fuese el resultado.

Pagar por horas a abogados, arquitectos, asesores, censores de cuentas o profesores de autoescuela es de idiotas. Esta gente tiene un incentivo para tardar el máximo de horas posible. Por eso, convenga por adelantado un precio fijo. Un médico especialista siempre tendrá un interés por tratarle y operarlo lo más extensamente posible, aunque no sea necesario. Los asesores financieros le «recomiendan» aquellos productos financieros por los que reciben una comisión. Y los planes de negocios de empresas y bancos de inversión no valen nada, pues esa gente tiene un interés directo en una transacción. Recuerde el viejo refrán: «No le preguntes al peluquero si necesitas un corte de pelo.»

Conclusión: manténgase en guardia ante la tendencia al incentivo-superrespuesta. Si le sorprende el comportamiento de una persona o una organización, pregúntese qué sistema de incentivos se oculta tras ese comportamiento. Le garantizo que eso explica el 90 por ciento de reacciones. La pasión, la debilidad mental, los trastornos psicológicos o la maldad representan como mucho el 10 por ciento.

El inversor Charlie Munger entró en una tienda de artículos de pesca. Se detuvo delante de un soporte, cogió un llamativo cebo de plástico brillante y preguntó al dueño: «Dígame, ¿de verdad pican en semejante chisme los peces?» El hombre sonrió: «Nuestros clientes no son peces.»

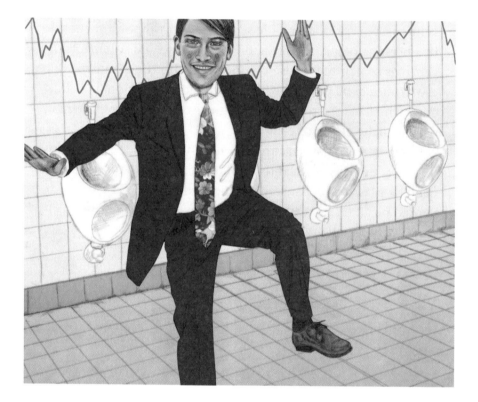

LA REGRESIÓN A LA MEDIA

La dudosa eficacia de médicos, asesores, entrenadores y psicoterapeutas

A un hombre le dolía la espalda, a veces más, a veces menos. Había días en los que parecía un joven corzo y otros en los que apenas podía moverse. Cuando ese era el caso —por suerte, raras veces—, su mujer lo llevaba al quiropráctico. Al día siguiente se encontraba notablemente mejor. Recomendaba a su terapeuta a diestro y siniestro.

Otro hombre, más joven y con un considerable hándicap de golf (doce de media), ponía por las nubes en un tono igual de elevado a su profesor de golf. Siempre que jugaba fatal, reservaba una hora con él y veía que la siguiente vez volvía a golpear mejor.

Un tercer hombre, asesor financiero en un banco de renombre, inventó una especie de «danza de la lluvia», que siempre realizaba en los lavabos cuando su rendimiento en bolsa caía en la zona roja. Cuanto más absurdo le resultaba, más favorable le parecía la danza: su rendimiento en la bolsa mejoraba. Lo que une a estos tres hombres es una conclusión errónea: la «regresión a la media» (*regression toward the mean*).

Supongamos que está viviendo un récord de frío en su lugar de residencia. Es muy probable que la temperatura ascienda en los próximos días hacia el valor medio mensual. Lo mismo en caso de períodos de calor, sequía o lluvia extremos. El tiempo fluctuará en torno a un valor medio. Lo mismo vale para los dolores crónicos, los hándicaps de golf, el rendimiento de la bolsa, la suerte en el amor, la sensación subjetiva de bienestar, los éxitos profesionales o las notas académicas. En resumen, los horribles dolores de espalda muy probablemente también habrían disminuido sin quiropráctico. El hándicap de golf habría vuelto a estabilizarse en doce sin clases adicionales. Y el rendimiento del asesor financiero también habría regresado a la media sin «danza de la lluvia».

Los rendimientos extremos se alternan de un modo menos extremado. Las acciones de bolsa con mejores resultados en los últimos tres años probablemente no serán las acciones con mejores resultados en los tres próximos años. De ahí también el miedo de muchos deportistas cuando reciben el aplauso de los medios: instintivamente presienten que en el próximo partido no alcanzarán el mismo rendimiento óptimo, lo que naturalmente no está relacionado con el aplauso de los medios, sino con la oscilación natural del rendimiento.

Veamos el ejemplo de un jefe de departamento que quiere fomentar la motivación de los empleados de su empresa enviando al 3 por ciento más desmotivado de su personal a un curso de motivación. ¿Resultado? La próxima vez que recoja datos sobre motivación esas personas ya no estarán entre el 3 por ciento inferior... pero sí otros. ¿Mereció la pena el curso? Difícil de decir, pues la baja motivación de esta gente seguramente también habría vuelto a estabilizarse en torno a su media personal sin ese curso. Algo parecido sucede con los pacientes hospitalizados por depresión. Por lo general, abandonan la clínica menos deprimidos. Sin embargo, es posible que la estancia en la clínica haya sido completamente inútil.

Un ejemplo más. En Boston se sometió a las escuelas con peores resultados académicos a un costoso programa de estímulo. Durante los siguientes años esas escuelas abandonaron los puestos inferiores, una mejoría que la inspección estatal atribuyó al programa de estímulo y no a la natural regresión a la media.

No tener en cuenta la regresión a la media puede tener consecuencias desastrosas. Así, algunos profesores (o jefes) llegan a la conclusión de que los castigos son más efectivos que los elogios. El estudiante con la mejor nota recibe elogios; el estudiante con la peor, una reprimenda. En el siguiente examen presumiblemente serán —por pura estocástica— otros alumnos los que ocuparán el puesto más alto y el más bajo. El profesor deduce: la reprimenda ayuda y el elogio perjudica. Una deducción errónea.

Conclusión: si oye frases como «Estaba enfermo, fui al médico, ahora estoy sano, así que el médico me ha ayudado» o «La empresa tuvo un mal año, contratamos a un asesor, ahora el resultado vuelve a ser normal», el error de la regresión a la media puede estar en juego.

LA FATALIDAD DE LA DULA

Por qué la gente sensata no apela al sentido común

Imagínese una verde parcela disponible para todos los campesinos de una población. Se espera que cada campesino envíe tantas vacas como pueda a pastar a ese prado. Eso funciona solo si hay caza furtiva o se propagan enfermedades, es decir, en tanto que las vacas no superen cierto número, o sea que la tierra no se agote. Si no es así, la buena idea de la dula se transforma repentinamente en una fatalidad. Como personas racionales, cada campesino intenta maximizar sus ganancias. Se pregunta: «¿Qué beneficio saco si envío una vaca más a la dula?» Para los campesinos se produce un beneficio adicional de una vaca que pueden vender, así que +1. La desventaja de la sobreexplotación por esa vaca adicional la asumen todos. Para el campesino individual, la pérdida que conlleva solo asciende a una fracción de -1. Desde su punto de vista es racional enviar esa vaca adicional al prado. Y otra. Y otra más. Hasta que la dula se colapsa.

La fatalidad de la dula es —en el sentido estricto de la palabra— un tópico. El mayor error consiste en esperar que se consiga mediante la educación, la enseñanza, las campañas informativas, las llamadas a la «conciencia social», las bulas papales o los sermones de las estrellas del pop de todo el mundo. No se logrará. Quien realmente quiera arremeter contra el problema de la dula solo tiene dos opciones: la privatización o la gestión. Concretando, o se pone la jugosa parcela en manos privadas o se regula el acceso al prado. Todo lo demás conduce, según el biólogo estadounidense Garrett Hardin, a la ruina. La gestión puede significar, por ejemplo, que un estado establezca normas: quizá se introduzca una tasa por uso, quizás haya limitaciones temporales, quizá se decida quién tiene prioridad en función del color de los ojos (del campesino o de la vaca).

La privatización es la solución más sencilla, pero también se argumenta a favor de la gestión. ¿Por qué nos resulta tan difícil con ambas? ¿Por qué una y otra vez nos abstraemos en la idea de la dula? Porque la evolución no nos ha preparado para este dilema social. En primer lugar, durante casi toda la historia de la humanidad tuvimos disponibles recursos ilimitados. En segundo lugar, hasta hace diez mil años vivíamos en grupos pequeños de unas cincuenta personas. Todos conocían a todos. Si alguien pensaba exclusivamente en su propio beneficio y se aprovechaba de la comunidad, ese acto enseguida quedaba registrado, vengado y sancionado con el peor de los castigos: el descrédito. En grupos pequeños, la sanción por medio de la vergüenza sigue funcionando hoy en día: procuro no saquear la nevera de mi amigo en una fiesta aunque no haya ningún policía por allí. Sin embargo, en una sociedad basada en el anonimato la vergüenza no desempeña ningún papel.

En todo aquello en lo que el uso recae en el individuo pero el coste en la comunidad, acecha la fatalidad de la dula: emisiones de CO_2, deforestación, contaminación del agua, riego, sobreutilización de las frecuencias de radio, lavabos públicos, chatarra espacial, bancos «demasiado grandes para quebrar». Pero eso no significa que una conducta interesada sea absolutamente inmoral. El campesino que envía una vaca más a la dula no es un monstruo. La tragedia es solo un efecto que entra en escena cuando el tamaño de los grupos crece en torno a unas cien personas y chocamos con el límite de la capacidad de regeneración del sistema. No hace falta ser especialmente inteligente para reconocer que nos enfrentaremos cada vez más a esta cuestión.

En realidad, la tragedia de la dula es lo contrario de la «mano invisible» de Adam Smith. En determinadas situaciones, la mano invisible del mercado no guía hacia lo óptimo, al contrario. Desde luego, hay gente que procura tener en cuenta el efecto de sus actos sobre la humanidad y el ecosistema. Sin embargo, toda política que apueste por semejante responsabilidad personal es demasiado ingenua. No debemos contar con el sentido común ético de las personas. Como bien dice Upton Sinclair: «Es difícil hacer entender algo a alguien cuando sus ingresos dependen de no entenderlo.»

En resumen, solo existen las dos soluciones mencionadas: la privatización o la gestión. Lo que no se puede privatizar (la capa de ozono, los mares, las órbitas de los satélites) hay que gestionarlo.

¡Vender!

EL SESGO DE RESULTADO

Nunca valore una decisión en virtud del resultado

Un pequeño experimento para reflexionar. Supongamos que un millón de monos especulan en la bolsa. Compran y venden acciones como locos y de forma puramente aleatoria. Al cabo de un año, aproximadamente la mitad de los monos ha obtenido beneficios con sus inversiones; la otra mitad, pérdidas. También en el segundo año una mitad ganará y la otra perderá. Y así sucesivamente. Tras diez años quedan unos mil monos cuyas acciones siempre han estado bien invertidas. Tras veinte años solo un mono habrá invertido siempre bien: es multimillonario. Llamémosle el «mono triunfador».

¿Cómo reaccionan los medios de comunicación? Se arrojarán sobre el simio para averiguar su «principio del éxito». Y lo encontrarán: quizás el mono triunfador come más plátanos que los demás, quizá se sienta en otro rincón de la jaula, quizá se cuelga de las ramas boca abajo, o al despiojarse hace largas pausas para reflexionar. Alguna receta para el éxito debe de tener, ¿no? De lo contrario, ¿cómo podría haber obtenido un rendimiento tan constante? Alguien que siempre ha apostado correctamente a lo largo de veinte años, ¿un simple mono ignorante? ¡Imposible!

La historia del mono ilustra el «sesgo de resultado» (*outcome bias*): nuestra tendencia a valorar decisiones en virtud del resultado y no en función del proceso de tomar las decisiones. Un error de lógica que también se conoce como error del historiador. Un ejemplo clásico es el ataque de los japoneses a Pearl Harbor. ¿Debería haberse evacuado la base militar o no? Desde el punto de vista actual está bastante claro, pues había numerosos indicios de que un ataque era inminente. No obstante, las señales solo parecen tan claras en retrospectiva. Entonces, en 1941, había un montón de indicios contradictorios. Unos indicaban un ataque, otros no. Para valorar la calidad de la decisión (evacuar o no), hay que ponerse en el lugar del estado de la información de aquel momento y filtrar todo lo que hemos sabido al respecto con posterioridad al ataque.

Otro experimento para reflexionar. Usted tiene que valorar el trabajo de tres cirujanos cardíacos. Para ello, hace que cada cirujano realice cinco operaciones complejas. A lo largo de los años, la probabilidad de muerte en este tipo de intervenciones se ha estabilizado en el 20 por ciento. Veamos: al cirujano A no se le muere ningún paciente, uno al B y dos al C. ¿Cómo valora el trabajo de A, B y C? Si piensa como la mayoría de la gente, considerará a A el mejor, a B el segundo mejor y a C el peor. Y así ha caído precisamente en el sesgo de resultado. Ya sospecha usted por qué: la muestra extraída es demasiado pequeña y, por tanto, el resultado no dice nada. Entonces, ¿cómo valorar a los tres cirujanos? Solo puede valorar de verdad a los cirujanos si entiende algo de su labor y observa detenidamente la preparación y la ejecución de la operación. Así pues, valorando el proceso y no el resultado. O, en segundo lugar, tomando una muestra mucho mayor: cien operaciones o mil. En otro capítulo abordaremos el problema de las muestras demasiado pequeñas. Aquí basta con entender que un cirujano medio tiene una probabilidad del 33 por ciento de que no se le muera nadie, del 41 por ciento de que se le muera uno y del 20 por ciento de que se le mueran dos pacientes. Valorar a los tres cirujanos en virtud del resultado no solo sería negligente, sino nada ético.

Conclusión: nunca valore una decisión solo en función del resultado. Un mal resultado no significa automáticamente que la decisión fuera mala... y al revés. Así pues, en vez de estar descontento con una decisión que se ha demostrado equivocada, o de darse palmaditas en el hombro por una decisión que quizás ha conducido al éxito por pura casualidad, usted debería tener presente una vez más por qué tomó esa decisión. ¿Por motivos sensatos y lógicos? Entonces hará bien en volver a actuar así la próxima vez. Aunque la anterior vez tuviera mala suerte.

LA PARADOJA DE LA ABUNDANCIA

Por qué más es menos

Mi hermana y su marido se han comprado un piso en construcción. Desde entonces ya no podemos hablar con ellos con normalidad. Desde hace dos meses todo gira en torno a los acabados del baño. Se puede elegir entre cerámica, granito, mármol, metal, piedra artificial, madera, cristal y diversas tarimas. Pocas veces he visto a mi hermana sometida a semejante suplicio. «¡La oferta es demasiado grande!», dice, se echa las manos a la cabeza y vuelve a inclinarse sobre el catálogo de muestras de baldosas, su compañero inseparable.

He contado y consultado. La tienda de alimentación de mi barrio ofrece 48 tipos de yogur, 134 vinos tintos diferentes, 64 tipos de productos de limpieza, en total 30.000 artículos. En la librería virtual Amazon hay dos millones de títulos disponibles. Para la gente de hoy en día hay disponibles más de quinientos cuadros clínicos psicológicos, miles de profesiones diferentes, cinco mil destinos turísticos y una ilimitada diversidad de estilos de vida. Nunca hubo más variedad.

Cuando era pequeño, había tres tipos de yogur, tres canales de televisión, dos iglesias, dos clases de queso (Tilsit picante o suave), un tipo de pescado (trucha) y un modelo de teléfono (ofrecido por el servicio suizo de correos). La caja negra con el disco de marcado no podía hacer más que llamar por teléfono y eso era suficiente entonces. Quien ahora entra en una tienda de teléfonos móviles teme ahogarse en una avalancha de modelos y tarifas.

Es más, la abundancia es la medida del progreso. La abundancia es lo que nos diferencia de la economía planificada y la Edad de Piedra. Sí: la abundancia proporciona felicidad. Sin embargo, hay un límite en el que la oferta aniquila la calidad de vida. El término especializado para esto es la «paradoja de la abundancia» (*paradox of choice*).

En su libro *Por qué más es menos*, el psicólogo estadounidense Barry Schwartz lo explica. Hay tres motivos. Primero, una gran variedad conduce a una parálisis interna. Un supermercado dispuso veinticuatro variedades de confitura para probar. Los clientes podían probar a discreción y comprar los productos con descuento. Al día siguiente el supermercado realizó el mismo experimento con solo seis variedades. ¿Resultado? Se vendió diez veces más confitura que el primer día. ¿Por qué? Ante una gran oferta, el cliente no puede decidirse y, por tanto, no compra nada. Se repitió la prueba varias veces con diferentes productos, siempre con igual resultado.

Segundo, una gran variedad conduce a malas decisiones. Pregunte a los jóvenes qué es para ellos importante en una pareja sentimental, enumere las cualidades respetables: inteligencia, buenos modales, buen corazón, capacidad de escuchar, sentido del humor y atractivo físico. Pero ¿realmente se tienen en cuenta estos criterios al elegir? Mientras que antes, en un pueblo de tamaño medio, por cada hombre joven había unas veinte mujeres potenciales del mismo grupo de edad entre las que elegir, y a las que en su mayoría uno ya conocía de la escuela y podía valorar bien, hoy en día, en la época de las citas por internet, hay millones de parejas potenciales a disposición. El estrés de la variedad es tan grande que el cerebro masculino reduce la complejidad a un único criterio... y ese es, demostrado empíricamente, el «atractivo físico». Las consecuencias de ese proceso de selección las conoce usted, quizás incluso por su propia experiencia.

Y tercero, una gran variedad conduce a la insatisfacción. ¿Cómo puede estar usted seguro de que ha tomado la decisión perfecta entre doscientas opciones? Respuesta: no puede. Cuanta más abundancia de opciones, más inseguro e insatisfecho estará tras la elección.

¿Qué hacer? Piense detenidamente lo que quiere antes de examinar la oferta existente. Anote sus criterios y aténgase a ellos incondicionalmente. Y parta de que no realizará la elección perfecta. Maximizar —en vista del caudal de posibilidades— es un perfeccionismo irracional. Quédese satisfecho con una «buena solución». Sí, también en relación con la pareja sentimental. ¿Solo la mejor opción es lo suficientemente buena? En la época de una variedad ilimitada más bien vale lo contrario: «suficientemente bueno» es lo mejor (excepto, naturalmente, en su caso y en el mío).

El sesgo de agradar

Usted se comporta insensatamente porque quiere ser amado

Kevin compró dos cajas de selecto Margaux. Raras veces bebe vino, ni siquiera Burdeos. Pero la dependienta fue extraordinariamente simpática, ni poco convincente ni provocadora, sino simplemente simpática. Por eso las compró.

Joe Girard está considerado el vendedor de coches con más éxito del mundo. El secreto de su éxito: «Nada funciona mejor que hacer creer al cliente que se le aprecia de verdad.» Su instrumento letal: una tarjetita mensual a todos sus clientes y ex clientes. Esta solo contiene una frase: «Me caes bien.»

El «sesgo de agradar o gustar» (*liking bias*) es facilísimo de entender, y aun así caemos en él continuamente. Significa que cuanto más simpático nos resulta alguien, más dispuestos estamos a comprarle algo a esa persona o a ayudarla. Ahora bien, ¿qué quiere decir «simpático»? La ciencia ofrece una serie de factores. Una persona nos resulta simpática si A) tiene un aspecto atractivo, B) se nos parece en el origen, la personalidad o los intereses, y C) si le resultamos simpáticos. Vayamos por partes. La publicidad está llena de gente atractiva. Los feos resultan antipáticos. Por eso no sirven como soporte publicitario (véase A). Pero junto a los superatractivos, la publicidad coloca también a «gente como tú y yo» (véase B): aspecto, dialecto, experiencias similares. O sea, cuanto más parecido, mejor. Y no pocas veces la publicidad reparte elogios («porque tú lo vales»). Y aquí surte efecto el factor C: quien indica que le resultamos simpáticos, consigue que también a nosotros nos resulte simpático. Los elogios obran maravillas, aunque sean una rotunda mentira.

El «reflejo» (*mirroring*) forma parte de las técnicas habituales de los vendedores. Mediante esta técnica, el vendedor intenta imitar los gestos, el lenguaje y la mímica de su interlocutor. Si el comprador habla especialmente despacio y bajo, y se rasca la frente con frecuencia, el vendedor también lo hará moderadamente. Eso le hace parecer simpático a los ojos del comprador y así será más probable cerrar una transacción.

El conocido como marketing multinivel (vender a través de amistades) funciona gracias al sesgo de agradar. Aunque en el supermercado hay una cantidad fabulosa de recipientes de plástico a un cuarto de su precio, Tupperware genera un volumen anual de negocio de dos mil millones de dólares. ¿Por qué? Las amigas que organizan reuniones Tupperware cumplen a la perfección con la condición de la simpatía.

También las organizaciones humanitarias recurren al sesgo de agradar. Sus campañas muestran casi exclusivamente a niños o mujeres simpáticos. Nunca verá a un siniestro guerrillero herido con mala cara mirarle desde el cartel, aunque merezca su ayuda. Incluso las organizaciones ecologistas se apoyan en el sesgo de agradar. ¿Ha visto alguna vez un folleto de la Asociación para la Defensa de la Naturaleza (WWF) en el que se anuncien arañas, gusanos, algas o bacterias? Quizá sufran la misma amenaza de extinguirse que los osos panda, los gorilas, los koalas y las focas —e incluso son más importantes para el ecosistema—, pero no sentimos nada por ellos. Un animal nos parece más simpático cuanto mayor es la humanidad con que mira el mundo. ¿La mosca sarcosaprófaga se ha extinguido? Bueno, qué lástima.

Los políticos son unos virtuosos tocando el teclado del sesgo de agradar. Según el público, destacan diferentes puntos en común. A veces se subraya el barrio, otras veces el origen social, otras el interés económico. Y se adula: cada uno debe tener la sensación de ser insustituible: «¡Su voto cuenta!» Claro, cada voto cuenta, pero rematadamente poco.

Un amigo, representante de una empresa de maquinaria para bombear petróleo, me contó cómo cerró un contrato millonario de dos cifras para un oleoducto en Rusia. «¿Soborno?», le pregunté. Él negó con la cabeza. «Charlamos y de pronto llegamos al tema de la vela. Resultó que los dos (el cliente y yo) somos unos apasionados de las embarcaciones de vela 470. Desde ese momento le resulté simpático, un amigo. Así se selló el acuerdo. La simpatía funciona mejor que el soborno.»

Conclusión: siempre debe valorar un negocio independientemente de la otra parte. Imagíneselo sin ella, o mejor: imagíneselo como alguien antipático.

EL EFECTO DE DOTACIÓN

No se aferre a las cosas

El BMW relucía en la plaza de aparcamiento del vendedor del coche. La verdad es que tenía unos cuantos kilómetros a cuestas, pero presentaba un estado impecable. Solo que por 50.000 euros me resultaba demasiado caro. Entiendo algo de coches usados; como máximo valía 40.000. Pero el vendedor no cedió ni un ápice. Cuando una semana después se puso en contacto conmigo y me dijo que el coche era mío por 40.000, aproveché la ocasión. Al día siguiente me detuve en la gasolinera. Allí estuve hablando con el dueño y me ofreció 53.000 euros en metálico por el coche. Lo rechacé agradecido. Solo cuando ya estaba de camino a casa me di cuenta de lo irracional de mi comportamiento. Algo que para mí valía como máximo 40.000 ahora tenía de repente, desde que había pasado a mis manos, un valor de más de 53.000; debería haberlo revendido de inmediato. El error de lógica tras este comportamiento es atribuible al «efecto de dotación» (*endowment effect*). Sentimos que lo que poseemos vale más que lo que no poseemos. Dicho de otro modo: si vendemos algo, pedimos más dinero del que estaríamos dispuestos a desembolsar por lo mismo.

El psicólogo Dan Ariely realizó el siguiente experimento. Sorteó entre sus alumnos unas entradas para un importante partido de baloncesto. A continuación preguntó a aquellos estudiantes que se iban con las manos vacías cuánto estarían dispuestos a pagar por una entrada. La mayoría dio un precio en torno a los 170 dólares. Después preguntó a aquellos alumnos que habían ganado una entrada por cuánto estarían dispuestos a venderla. El precio de venta medio fue de 2.400 dólares. El simple hecho de poseer algo aparentemente incrementa su valor.

En el negocio inmobiliario el efecto de dotación surte claramente efecto. El vendedor tasa su casa sistemáticamente más cara que el precio de mercado. Este suele parecerle injusto al propietario, sí, una desfachatez, porque tiene un vínculo emocional con su casa. Ese valor añadido emocional debe pagarlo un posible comprador... lo que obviamente es absurdo.

Charlie Munger, mano derecha de Warren Buffett, conoce el efecto de dotación por propia experiencia. En su juventud se le ofreció una inversión extraordinariamente lucrativa. Por desgracia, en aquel momento lo había invertido todo, así que no disponía de recursos. Tendría que haber vendido una de sus participaciones para entrar en esa nueva inversión, pero no lo hizo. El efecto de dotación le frenó. Así pues, Munger dejó pasar unas buenas ganancias de más de cinco millones de dólares solo porque no podía separarse de una única inversión.

Desprendernos de algo nos resulta más difícil que acumular. Esto no solo explica por qué llenamos nuestro hogar de trastos, sino también por qué los amantes de sellos, relojes o arte intercambian o venden tan pocas veces.

Sorprendentemente, no solo la posesión queda embrujada por el efecto de dotación, sino incluso la casi posesión. Las casas de subastas como Christie's y Sotheby's viven de eso. Quien puja hasta el final tiene la sensación de que ya (casi) le pertenece la obra de arte. Por tanto, el objeto de deseo gana valor de futuro para el ofertante. De repente está dispuesto a pagar un precio mayor que el que se había propuesto. Apearse de la competición se vive como una pérdida, contra cualquier razón. En las grandes subastas, por ejemplo, derechos de explotación o frecuencias de móviles, se suele llegar a la maldición del ganador: el ganador de una subasta se convierte en un perdedor económico, porque ha pujado por encima de su valor. En otro capítulo veremos más acerca de esta maldición.

Si presenta su candidatura a un puesto de trabajo y no se lo dan, tiene motivos para estar decepcionado. Si sabe que logró llegar a la última preselección y después recibe una respuesta negativa, la decepción es mucho mayor... sin motivo. Obtener o no el trabajo es lo único que importa, todo lo demás no debería desempeñar ningún papel. Conclusión: no se aferre a las cosas. Considere sus posesiones como algo que el «universo» le ha prestado provisionalmente, sabiendo que en cualquier momento se lo puede quitar.

EL MILAGRO

La necesidad de sucesos increíbles

El 1 de marzo de 1950, los quince miembros del coro de la iglesia de Beatrice, Nebraska, debían reunirse a las 19.15 para ensayar. Por diversos motivos, todos llegaron tarde. La familia del párroco, porque la mujer todavía tenía que planchar la ropa de la hija; una pareja, porque el motor del coche no quería arrancar; el pianista quería estar allí media hora antes, pero se quedó dormido después de cenar, y así sucesivamente. A las 19.25 la iglesia explotó. El estallido pudo oírse en todo el pueblo. Las paredes salieron disparadas y el tejado se derrumbó. Milagrosamente, nadie perdió la vida. El jefe de bomberos atribuyó la explosión a una fuga de gas. Pero los miembros del coro estaban convencidos de haber recibido una señal divina. ¿La mano de Dios o la casualidad?

Por algún motivo, la semana pasada tuve que pensar en mi antiguo compañero de colegio Andreas, de quien no he sabido nada durante mucho tiempo. De repente sonó el teléfono. Precisamente era Andreas. «¡Esto tiene que ser telepatía!», exclamé perplejo. ¿Telepatía o casualidad?

El 5 de octubre de 1990 el diario *San Francisco Examiner* informó de que la empresa Intel se querellaría contra la empresa de la competencia AMD. Intel había averiguado que AMD planeaba lanzar un chip con el nombre AM386, una denominación basada en el 386 de Intel. Lo interesante es cómo se enteró Intel. Por casualidad, ambas empresas tenían un empleado que se llamaba Mike Webb. Los dos Mike Webb se registraron el mismo día en el mismo hotel de California. Después de que ambos hubieran dejado el hotel, llegó a la recepción un paquete para Mike Webb. Por equivocación, el hotel envió el paquete, que contenía documentación confidencial sobre el chip AM386, al Mike Webb de Intel, que remitió inmediatamente el contenido al departamento jurídico de Intel.

¿Hasta qué punto son creíbles esas historias? El psiquiatra suizo C. G. Jung vio en ellas el efecto de una fuerza desconocida que denominó sincronicidad. ¿Cómo aborda un pensador lúcido semejantes historias? En el mejor de los casos, con lápiz y papel. Veamos el primer caso, la explosión de la iglesia. Dibuje cuatro casillas para las cuatro posibles combinaciones. La primera casilla es el caso sucedido: «coro se retrasa e iglesia explota». Pero existen otras tres combinaciones posibles: «coro se retrasa e iglesia no explota», «coro no se retrasa e iglesia explota» y «coro no se retrasa e iglesia no explota». Escriba la frecuencia estimada en las casillas. Piense en la frecuencia con que pasa el último caso: a diario, en miles de iglesias, un coro ensaya a la hora acordada y la iglesia no explota. De repente, ya no hay peligro de que la historia de la explosión se repita. Al contrario, sería muy improbable que se diera una vez más semejante suceso fortuito. Así pues, ninguna mano de Dios. Además, ¿por qué querría Dios hacer saltar por los aires una iglesia? ¡Menuda forma tonta de comunicarse para un dios!

Lo mismo en el caso de la llamada de teléfono. Contemple las muchas situaciones en que Andreas ha pensado en usted y no le ha llamado, en las que le ha llamado y usted no había pensado en él; y en el número casi infinito de momentos en los que no ha pensado en él y él no le ha llamado. Como la gente piensa en gente alrededor del 90 por ciento de su tiempo, sería inconcebible que nunca hubiera pasado que dos personas pensaran la una en la otra y una de ellas levantara el auricular. Hay que añadir que no tiene que ser Andreas. Si tiene otros cien conocidos, la probabilidad se eleva.

Conclusión: las casualidades improbables son simplemente eso: sucesos raros pero absolutamente posibles. No es sorprendente que se den. Lo sorprendente sería que nunca sucedieran.

PENSAMIENTO DE GRUPO

Por qué el consenso puede ser peligroso

¿Se ha reservado alguna vez su opinión en una reunión? Seguro que sí. No se dice nada, se asiente con la cabeza a la moción, al fin y al cabo no se quiere ser el (eterno) aguafiestas. Además, quizá no está del todo seguro de su opinión discrepante y los demás, con su opinión unánime, tampoco son tontos. Así que uno se calla. Cuando todos se comportan así, aparece el «pensamiento grupal» (*groupthink*): un grupo de personas inteligentes tomando decisiones idiotas porque todos adaptan su opinión al presunto consenso. Así se llega a decisiones que cada miembro individual del grupo habría rechazado en condiciones normales. El pensamiento grupal es un caso especial de la prueba social, un error de lógica que ya hemos abordado en un capítulo anterior.

En marzo de 1960 el servicio secreto norteamericano organizó a los cubanos anticomunistas en el exilio para movilizarlos contra el régimen de Fidel Castro. Dos días después de la asunción del cargo, en enero de 1961, el presidente Kennedy fue informado del plan secreto para invadir Cuba. A principios de abril de 1961 tuvo lugar el encuentro decisivo en la Casa Blanca. Kennedy y sus asesores aprobaron el plan de invasión. El 17 de abril de 1961 aterrizó una brigada de 1.400 cubanos exiliados con la ayuda de la CIA, la marina y la fuerza aérea de Estados Unidos en la bahía de Cochinos, en la costa sur de Cuba. Objetivo: derrocar el régimen de Fidel Castro. Nada funcionó según lo previsto. El primer día ni un solo barco con refuerzos alcanzó la costa. Los dos primeros fueron hundidos por los aviones cubanos, los otros dos dieron la vuelta y huyeron. Tan solo un día después toda la brigada estaba completamente rodeada por el ejército de Castro. Al tercer día los 1.200 combatientes supervivientes fueron detenidos y encerrados en campos de prisioneros.

La invasión de Bahía de Cochinos sirve de ejemplo de uno de los mayores fiascos de la política exterior estadounidense. Lo sorprendente no es que la invasión saliera mal, sino que llegara a ejecutarse un plan tan absurdo. Todas las suposiciones que hablaban a favor de esta invasión eran falsas. Por ejemplo, se subestimó por completo la capacidad de la fuerza aérea cubana. También se contaba con que los 1.400 cubanos exiliados podrían esconderse en caso necesario en la sierra de Escambray y, desde allí, organizar una fuerza guerrillera contra Castro. Un vistazo a un mapa de Cuba habría mostrado que el lugar para ocultarse estaba a 150 kilómetros de la bahía de Cochinos y que en medio había una zona pantanosa infranqueable. Y aun así, Kennedy y sus asesores se encontraban entre los hombres más inteligentes que jamás ha reunido un gobierno estadounidense. ¿Qué salió mal entre enero y abril de 1961?

El catedrático de psicología Irving Janis ha estudiado varios fiascos. En común tienen lo siguiente: los miembros de un grupo conspirador desarrollan un «espíritu de cuerpo» en el que construyen ilusiones. Inconscientemente. Una de esas ilusiones es la creencia en la capacidad de salir ilesos: «Si nuestro líder [en este caso Kennedy] y el grupo están convencidos, el plan funciona, la suerte estará de nuestro lado.» Después está la ilusión de la unanimidad: «Si todos tienen otra opinión, debe de ser que mi opinión discrepante está equivocada.» Y nadie quiere ser el aguafiestas que arruine la unanimidad. Al final, uno se alegra de pertenecer a un grupo. Poner objeciones podría significar la exclusión del grupo.

El pensamiento grupal también aparece en la economía. Un ejemplo clásico es la quiebra de Swissair en 2001. En esta empresa un grupo de asesores en torno al director ejecutivo, empujados por los éxitos anteriores, consolidaron un consenso tan fuerte que las opiniones discrepantes respecto a la arriesgadísima estrategia de expansión no se exteriorizaban en absoluto.

Conclusión: siempre que se encuentre en un grupo conspirador con un fuerte consenso, exprese su opinión sin falta, aunque sus palabras no sean bienvenidas. Indague las suposiciones no dichas. Si fuera necesario, arriesgue su expulsión del cálido regazo del grupo. Y en caso de seguir a un grupo, designe a alguien como abogado del diablo. No será la persona más querida del grupo, pero quizá sí la más importante.

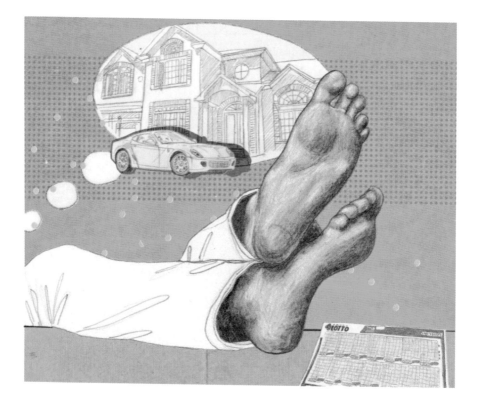

EL DESCUIDO DE LA PROBABILIDAD

Por qué los premios siempre aumentan

Dos juegos de azar. En el primero puede ganar diez millones de euros; en el segundo, diez mil. ¿A cuál juega usted? Si gana en el primero, su vida cambiará: dejará su trabajo y en adelante vivirá de rentas. Si se lleva el bote en el segundo, se regalará unas buenas vacaciones en el Caribe y nada más. La probabilidad de ganar asciende a 1/100.000.000 en el primero y a 1/10.000 en el segundo. Así pues, ¿a cuál juega? Nuestras emociones nos arrastran al primero, aunque el segundo, desde un punto de vista objetivo, es diez veces mejor. De ahí la tendencia a premios cada vez mayores —millones, billones, trillones—, sin importar lo minúsculas que sean las opciones de ganar.

En un estudio clásico de 1972, se dividió en dos grupos a los participantes en un experimento. A los del primer grupo se les dijo que recibirían con seguridad una descarga eléctrica. En el segundo grupo, el riesgo de recibir una descarga era solo del 50 por ciento, es decir, la mitad. Los investigadores midieron la excitación corporal (frecuencia cardíaca, nerviosismo, manos sudorosas, etcétera) poco antes del momento indicado. El resultado fue desconcertante: no había ninguna diferencia. Los participantes de ambos grupos estaban exactamente igual de excitados. Entonces, los investigadores redujeron la probabilidad de una descarga eléctrica en el segundo grupo a un 20 por ciento, después a un 10 por ciento y finalmente a un 5 por ciento. El resultado: ¡todavía ninguna diferencia! Sin embargo, cuando los investigadores elevaron la potencia de la esperada descarga, la excitación corporal aumentó en ambos grupos, aunque nunca hubo diferencias entre los dos grupos. Eso significa que reaccionamos a la dimensión esperada de un suceso (cuantía del premio o potencia de la descarga eléctrica), pero no a su probabilidad. Dicho de otro modo, nos falta una comprensión intuitiva de las probabilidades.

Se habla de «descuido de la probabilidad» (*neglect of probability*), que conduce a errores de decisión. Invertimos en una empresa emergente porque se nos hace la boca agua con las posibles ganancias, pero nos olvidamos (o nos puede la pereza) de averiguar la probabilidad de obtener semejantes beneficios con las nuevas empresas. O bien, tras una catástrofe aérea aireada en los medios de comunicación, cancelamos nuestros billetes de avión sin tener realmente en cuenta la escasa probabilidad de accidentes de avión (que por lo general es igual de grande o pequeña tras una catástrofe que antes).

Muchos inversores aficionados comparan sus inversiones solo en función del rédito. Para ellos, una acción de Google con un rédito del 20 por ciento es el doble de buena que un bien inmueble con un rédito del 10 por ciento. Lo más sensato sería, naturalmente, tener en cuenta los diferentes riesgos de estas dos inversiones. Pero aun así, no tenemos ningún sentido natural para los riesgos, por eso solemos olvidarlos.

De vuelta al experimento con las descargas eléctricas, la probabilidad de una descarga en el grupo B se redujo del 5 al 4 y al 3 por ciento. Solo con una probabilidad del 0 por ciento el grupo B reaccionó de forma diferente que el grupo A. Así pues, el riesgo del 0 por ciento parece mucho mejor que el del 1 por ciento.

Valore estas dos medidas para potabilizar el agua corriente. Un río tiene dos grandes afluentes, el *a* y el *b*. Con la medida A, el riesgo de morir por agua contaminada del afluente *a* desciende del 5 al 2 por ciento. Con la medida B, el riesgo de morir a causa del afluente *b* cae del 1 al 0 por ciento, es decir, se elimina completamente. ¿A o B? Si piensa como la mayoría de la gente, le dará prioridad a la medida B, lo que es una tontería, pues con la medida A moriría un 3 por ciento menos de gente, mientras que con la B solo un 1 por ciento. ¡La medida A es tres veces mejor! Este error de lógica se denomina «sesgo de riesgo cero» (*zero-risk bias*). En el próximo capítulo lo comentaremos más detenidamente.

Conclusión: distinguimos con dificultad entre diferentes riesgos, excepto si el riesgo es cero. Dado que no captamos los riesgos intuitivamente, tenemos que echar cuentas. Donde las probabilidades se conocen —como en la lotería— resulta fácil. Sin embargo, en la vida normal, los riesgos son difíciles de estimar.

EL SESGO DEL RIESGO CERO

Por qué paga usted demasiado por el riesgo cero

Supongamos que debe jugar a la ruleta rusa. El tambor de su revólver tiene sitio para seis balas. Gira el tambor como si fuera una rueda de la fortuna, se coloca el revólver en la sien y acciona el gatillo. Primera pregunta: si supiera que hay cuatro balas en el tambor, ¿cuánto estaría dispuesto a pagar por quitar dos? Segunda pregunta: si supiera que el revólver solo tiene una única bala, ¿qué precio tendría para usted poder quitarla?

Para la mayoría de la gente, la cuestión está clara: pagaría más en el segundo caso, porque así el riesgo de muerte cae a cero. Ateniéndonos a las cifras, eso no tiene sentido, pues el primer caso reduce la probabilidad de morir en dos sextos, y el segundo solo en un sexto. Así pues, el primer caso debería resultarle el doble de valioso. Pero algo nos empuja a valorar el riesgo cero en exceso.

En el capítulo anterior hemos visto que a la gente le cuesta distinguir entre diferentes riesgos. Cuanto más grave es el peligro, cuanto más emocional es la cuestión (por ejemplo, la radiactividad), menos nos tranquiliza la reducción de riesgos. Dos investigadores de la Universidad de Chicago demostraron que la gente teme por igual una contaminación por productos químicos tóxicos con un 99 por ciento de riesgo y una de un 1 por ciento. Una reacción irracional, pero habitual. Obviamente, solo nos parece justificable el riesgo cero. Nos atrae como la luz a los mosquitos, y solemos estar dispuestos a invertir grandes sumas de dinero para retirar completamente del planeta un mínimo riesgo residual. En casi todos los casos, se podría haber invertido mejor ese dinero para lograr una reducción mucho mayor de otros riesgos. Este error en la toma de decisiones se denomina «sesgo de riesgo cero» (*zero-risk bias*).

El ejemplo clásico es la ley de alimentos estadounidense de 1958. Prohíbe aquellos alimentos que contengan sustancias cancerígenas. Esta prohibición total (riesgo cero) suena bien al principio, pero provocó que se utilizaran ya no sustancias cancerígenas, sino peligrosos aditivos alimentarios. Tampoco tiene sentido, porque desde los tiempos de Paracelso sabemos que el veneno es siempre una cuestión de dosis. Y de todos modos, esa ley no se puede aplicar porque es imposible eliminar de un alimento la última molécula «prohibida». Todas las granjas parecerían fábricas de componentes informáticos y el precio de los alimentos con este grado de pureza se multiplicaría por cien. Desde un punto de vista macroeconómico, rara vez tiene sentido el riesgo cero. Excepto si las consecuencias son pavorosas (por ejemplo, si un virus peligroso escapara de un laboratorio).

En el tráfico viario solo se puede lograr el riesgo cero si el límite de velocidad se reduce a cero kilómetros por hora. Por eso, en este caso aceptamos sensatamente un número de muertos al año determinable mediante estadísticas.

Supongamos que es usted un jefe de Estado y quiere eliminar el riesgo de un ataque terrorista. Debería destinar un confidente a cada ciudadano, y a su vez un confidente para cada confidente. En un abrir y cerrar de ojos, el 90 por ciento de la población estaría vigilando. Sabemos que una sociedad así no podría sobrevivir.

¿Y en la bolsa? ¿Existe el riesgo cero, es decir, la seguridad total? Por desgracia, no. Ni siquiera vendiendo sus acciones para meter el dinero en una cuenta: el banco podría quebrar, la inflación podría devorar sus ahorros o una reforma monetaria podría acabar con sus bienes. No olvidemos que Alemania, en los últimos cien años, ha introducido una nueva moneda dos veces.

Conclusión: despídase de la idea del riesgo cero. Aprenda a vivir con que no hay nada seguro: ni sus ahorros, ni su salud, ni su matrimonio, ni sus amistades, ni sus enemigos, ni su país. Y consuélese con que haya algo bastante estable: la felicidad propia. Las investigaciones han demostrado que ni un premio millonario de la lotería ni una paraplejia cambian su felicidad a largo plazo. La gente feliz sigue feliz, sin importar lo que les pase, y los infelices siguen infelices. Encontrará más al respecto en el capítulo sobre la adaptación hedónica.

EL ERROR DE LA ESCASEZ

Por qué las galletas escasas saben mejor

Un café en casa de una amiga. Sus tres hijos retozaban en el suelo mientras intentábamos mantener una conversación. Entonces recordé que había llevado unas canicas, toda una bolsa llena. La vacié en el suelo con la esperanza de que así los pequeños gamberros jugaran tranquilos. De eso nada. Enseguida se desató una agria disputa. No entendí lo que pasaba hasta que miré con atención. Al parecer, entre las innumerables canicas había una azul y los niños se peleaban por ella. Todas las canicas eran exactamente del mismo tamaño, bonitas y brillantes. Pero la azul tenía una ventaja decisiva: era rara. Sonreí: ¡qué infantiles son los niños! Cuando en agosto de 2005 oí que Google lanzaría un servicio de correo electrónico que sería «muy selectivo» y solo «por invitación», me empeñé en tener una cuenta, lo que al final conseguí. Pero ¿por qué? Seguro que no porque necesitara una nueva cuenta de correo electrónico (por entonces ya tenía cuatro), tampoco porque Gmail fuera mejor que los productos de la competencia, sino simplemente porque no todos tenían acceso. En retrospectiva, debo reírme: ¡qué infantiles son los adultos!

«*Rara sunt cara*», decían los romanos, lo raro es valioso. De hecho, el error de la escasez es tan viejo como la humanidad. La amiga con los tres hijos tiene un segundo empleo como agente inmobiliaria. Siempre que alguien interesado pica el anzuelo y no se puede decidir, ella le llama por teléfono y dice: «Un médico de Londres vio el terreno ayer. Está muy interesado. ¿Qué dice usted?» El médico de Londres —a veces catedrático o banquero— es naturalmente una invención. El efecto que tiene, sin embargo, es muy real: mueve al interesado a cerrar la compraventa. ¿Por qué? De nuevo, la potencial escasez de la oferta. Objetivamente no es comprensible, pues o bien el interesado quiere el terreno al precio acordado o no lo quiere, independientemente de cualquier «médico de Londres».

Para valorar la calidad de unas galletas, el profesor Stephen Worchel dividió a los consumidores de la prueba en dos grupos. El primero tenía todo un saco de galletas. El segundo, apenas dos galletas. Resultado: los probadores con solo dos galletas calificaron la calidad del horneado con una nota sustancialmente más alta que los del primer grupo. El experimento se repitió varias veces, siempre con el mismo resultado.

«¡Solo hasta fin de existencias!», anuncia el anuncio. «¡Solo hoy!», proclama un cartel que indica la escasez temporal. Los galeristas saben que tienen ventaja colocando un punto rojo debajo de la mayoría de cuadros, lo que significa que ya no están disponibles. Coleccionamos sellos, monedas o coches antiguos, aunque ya no tengan utilidad alguna. Ninguna oficina de correos acepta los sellos antiguos, ninguna tienda acepta táleros, cruceros o hellers, y los coches antiguos ya no están autorizados. Da igual, lo importante es que escasean.

Se pidió a unos estudiantes que ordenaran diez carteles en función de su atractivo con la promesa de que podrían quedarse uno de ellos como pequeño obsequio. Cinco minutos después se les dijo que el que habían valorado en tercera posición ya no estaba disponible. Entonces se les pidió con una excusa que volvieran a valorar los diez carteles. El que ya no estaba disponible de repente quedó clasificado como el más bonito. La ciencia denomina este fenómeno «reactancia». Nos quitan una opción y reaccionamos valorando como más atractiva la opción que se ha vuelto imposible. Una especie de obstinación por despecho. En la psicología también se conoce como el efecto Romeo y Julieta: por eso el amor de los dos trágicos adolescentes de Shakespeare es tan fuerte, porque es un amor prohibido. En todo caso, esta motivación no tiene que ser necesariamente de tipo romántico: en Estados Unidos una fiesta de estudiantes significa emborracharse terriblemente, porque el consumo de alcohol está prohibido por ley a los menores de 21 años.

Conclusión: nuestra reacción típica a la escasez es la pérdida del pensamiento claro. Por eso, valore las cosas únicamente en función del precio y la utilidad. Si un bien es escaso o no, si algún «médico de Londres» también lo quiere, no haga caso.

LA DESESTIMACIÓN DE LAS PROBABILIDADES PREVIAS

Si oyes un galope en Wyoming y crees ver franjas negras y blancas...

Markus es un hombre delgado con gafas al que le gusta escuchar a Mozart. ¿Qué es más probable? A) Markus es un camionero alemán, o B) Markus es profesor de literatura en Fráncfort. La mayoría piensa en B. Falso. Hay diez mil veces más camioneros en Alemania que profesores de literatura en Fráncfort. Por eso es más probable que Markus sea camionero, aunque le guste Mozart. ¿Qué ha pasado? La descripción precisa nos ha inducido a apartar la mirada fría de la realidad estadística. La ciencia denomina este error de lógica como «desestimación de las probabilidades previas» (*base-rate neglect*). Se podría hablar prolijamente de un «descuido de la distribución base». La desestimación de las probabilidades previas forma parte de los errores de lógica más frecuentes. Prácticamente todos los periodistas, economistas y políticos caen regularmente en él.

Segundo ejemplo: En una pelea con navajas un joven resulta herido de muerte. ¿Qué es lo más probable? A) El autor del delito es un bosnio que contrabandea cuchillos de combate, o B) el autor es un joven alemán de clase media. Ahora conoce la argumentación: la respuesta B es la más probable, porque hay mu-

chos más jóvenes alemanes que contrabandistas de cuchillos
bosnios.

En la medicina, la desestimación de las probabilidades previas desempeña un papel importante. Las migrañas, por ejemplo, pueden indicar que hay una infección vírica o un tumor cerebral. Las infecciones víricas son mucho más frecuentes (mayor
probabilidad previa) que los tumores cerebrales. Así pues, el
médico primero supone provisionalmente que no se trata de un
tumor, sino de un virus. Eso es muy sensato. En los estudios de
medicina, los médicos noveles siguen una formación laboriosa
para evitar la desestimación de las probabilidades previas. La
frase estándar que todos los médicos noveles de Estados Unidos se aprenden de memoria dice: «Si oyes un galope en Wyo-
ming y crees ver franjas negras y blancas, probablemente es un
caballo.» Esto quiere decir: mirad primero la probabilidad previa antes de lanzaros a pronosticar enfermedades raras. Por desgracia, los médicos son los únicos profesionales que reciben
formación en relación con las probabilidades previas.

De vez en cuando veo ambiciosos planes de negocio de jóvenes empresarios y no pocas veces me asombran sus productos, ideas y personalidades. A menudo me sorprendo pen-
sando: ¡esto podría ser el siguiente Google! Pero un vistazo a
la probabilidad previa me vuelve a poner los pies en el suelo. La
probabilidad de que una empresa sobreviva a los cinco primeros
años está en el 20 por ciento. ¿Cuán elevada es la probabilidad
de que después se convierta en una multinacional global? Casi
cero. Warren Buffett explicó una vez por qué no invertía en empresas biotecnológicas: «¿Cuántas de estas empresas tienen un
volumen de ventas de varios cientos de millones de dólares? Eso
no ocurre fácilmente... El escenario más probable es que esas
empresas se queden estancadas en algún punto intermedio.»
Esa es una clara lógica de probabilidad previa.

Supongamos que, en un restaurante, debe adivinar el país de
procedencia de un vino al degustarlo. La etiqueta de la botella
está tapada. En caso de que, como yo, no sea un entendido en

vinos, solo le ayudará echar un vistazo mental a la probabilidad previa. Por experiencia, sabe que alrededor de tres cuartas partes del vino de la carta de ese establecimiento es de origen francés. Así pues, sea sensato y piense en Francia, incluso aunque perciba un ligero matiz chileno o californiano.

De vez en cuando, tengo el dudoso honor de hablar ante estudiantes de empresariales. Cuando pregunto a los jóvenes por sus aspiraciones laborales, la mayoría responde que a medio plazo se ve en la junta directiva de una multinacional. Esto no era diferente en mi época, ni siquiera en mi caso. Por suerte, después no cayó esa breva. Me veo en la obligación de dar a los estudiantes un curso acelerado de probabilidades previas: «La probabilidad de llegar al consejo de dirección de una multinacional con un título de esta facultad es inferior al uno por ciento. No importa lo inteligentes y ambiciosos que seáis, el escenario más probable es que os quedéis estancados en los mandos intermedios.» Naturalmente, coseché ojos abiertos como platos y, por lo demás, me sentí orgulloso de contribuir a amortiguar futuras crisis de la mediana edad.

LA FALACIA DEL JUGADOR

Por qué no hay ninguna fuerza del destino compensatoria

En el verano de 1913 sucedió algo increíble en Montecarlo. La gente se apiñaba alrededor de la ruleta del casino sin dar crédito a lo que estaba viendo. La bola había caído veinte veces seguidas en negro. Muchos jugadores aprovecharon el momento y apostaron a rojo. Pero de nuevo salió negro. Acudió más gente y puso su dinero en el rojo. ¡Ahora tenía que haber un cambio! Pues volvió a salir negro. Y otra y otra vez. Solo a la vigésimo séptima la bola cayó por fin en rojo. Para entonces, los jugadores ya habían perdido millones. Estaban en bancarrota.

El coeficiente intelectual medio de los estudiantes de una gran ciudad asciende a 100. Para un estudio se seleccionó una muestra de cincuenta estudiantes. El primer niño al que examinaron tenía un coeficiente intelectual de 150. ¿Cuál será el coeficiente intelectual medio de los cincuenta? La mayoría de la gente a la que hago esta pregunta piensa en 100. De algún modo, creen que el alumno superdotado que se ha examinado en primer lugar tendría que quedar equilibrado por un alumno muy tonto con un coeficiente de 50 (o con dos alumnos de 75). Pero con una muestra tan pequeña es muy improbable. Hay que contar con que los cuarenta y nueve alumnos restantes corresponden a la media de la población, que también tiene una media de

100. Cuarenta y nueve veces un coeficiente de 100 y uno de 150 da como resultado una media de 101.

Los ejemplos de Montecarlo y de la prueba a los estudiantes demuestran que la gente cree en una fuerza del destino compensatoria. Se habla de «la falacia del jugador» (*gambler's fallacy*). Pero en sucesos independientes no hay ninguna fuerza compensatoria. Una bolita no se puede acordar de cuántas veces ya ha estado en el negro. Un amigo lleva unas costosas tablas con todos los números de lotería premiados. Siempre rellena el boleto de lotería marcando los números que menos veces han salido. Pero todo es inútil... Así es la falacia del jugador.

La siguiente broma ilustra la falacia del jugador: un matemático lleva consigo en cada vuelo una bomba en el equipaje de mano. «La probabilidad de que haya una bomba en el avión es muy baja —dice—, y la probabilidad de que haya dos bombas es casi de cero.»

Se lanza tres veces una moneda y las tres veces sale cara. Supongamos que alguien le obliga a apostar mil euros de su propio dinero a la siguiente tirada. ¿Elegiría cara o cruz? Si piensa como la mayoría de la gente, apostará a cruz, aunque es igual de probable que salga cara... Otra vez la falacia del jugador.

Se lanza una moneda cincuenta veces y las cincuenta sale cara. De nuevo le obligan a apostar mil euros. ¿Cara o cruz para la siguiente tirada? Listo como es, sonríe, pues ha leído este capítulo hasta aquí y sabe que no depende de eso. Pero esa es la clásica deformación profesional del matemático. Si tuviera sentido común, apostaría sin dudar a cara, porque sencillamente tendría que intuir que la moneda está marcada.

En otro capítulo vimos la regresión a la media. Por ejemplo, si experimenta un récord de frío en su lugar de residencia, probablemente la temperatura subirá en los próximos días. Si el clima fuera un casino, la temperatura bajaría con una probabilidad del 50 por ciento y subiría con una probabilidad del 50 por ciento. Pero el clima no es un casino. La retroalimentación compleja se ocupa de que los valores extremos se equilibren. No obstante, en otros casos, el extremo se refuerza: los ricos tienden a volverse cada vez más ricos. Una acción que se dispara al alza genera una demanda propia hasta cierto punto únicamente porque figura así, una especie de efecto compensatorio inverso.

Conclusión: observe detenidamente si se enfrenta a sucesos dependientes o independientes —estos últimos solo se dan en casinos, loterías y en los libros de teorías—. En la vida real la mayor parte de los sucesos son interdependientes: lo que ya ha pasado influye en lo que pasará en el futuro. Así que olvídese (excepto en los casos de regresión a la media) de la fuerza del destino compensatoria.

Roma. Biblia.

EL ANCLA

Cómo una rueda de la fortuna nos hace
perder la cabeza

¿Cuál es el año de nacimiento de Martín Lutero? En caso de que no lo sepa de memoria y la batería de su teléfono inteligente esté vacía, ¿cómo procede? Quizá recuerda que Lutero colgó sus tesis en la iglesia de Wittenberg en 1517. En aquel momento seguro que tenía más de veinte años, pero era lo suficientemente joven como para ese valiente acto. Tras la publicación de las tesis, fue citado a Roma, acusado de herejía y finalmente excomulgado. Tradujo la Biblia y cayó en las garras de la política. Así que vivió bastante después de 1517, por lo tanto en ese año tendría aproximadamente treinta años. Así, 1487 no es una mala estimación para su año de nacimiento. (Respuesta correcta: 1483.) ¿Cómo ha procedido? Tenía un ancla a la que se podía sujetar —es decir, el año 1517— y desde ahí se ha orientado. Siempre que hacemos estimaciones —la longitud del Rin, la densidad de población de Rusia, el número de centrales nucleares de Francia— usamos anclas. Tomamos algo conocido y nos atrevemos a avanzar de ahí a lo desconocido. ¿Cómo íbamos a hacer estimaciones si no? ¿Simplemente cogiendo un número al vuelo? Eso sería insensato.

Desgraciadamente, también clavamos anclas donde no se sostienen. Por ejemplo, un profesor puso una botella de vino desconocido en la mesa. Se pidió a los que estaban en el aula que apuntaran en un trozo de papel las dos últimas cifras de su número de la seguridad social y que lo entregaran si estaban dispuestos a pagar esa cifra en euros por la botella. A continuación se subastó la botella. Las personas con los números más altos ofrecieron casi el doble que aquellos con los números más bajos. El número de la seguridad social funcionaba como ancla, por desgracia inconscientemente y de forma engañosa.

El psicólogo Amos Tversky colocó una rueda de la fortuna y dejó que los participantes en el experimento la hicieran girar. Después se les preguntó cuántos estados eran miembros de la ONU. Las personas a las que la rueda se les había parado en un número alto, respondieron con un número mayor de estados miembro que aquellos a quienes la rueda se les había detenido en un número bajo.

Los investigadores Russo y Shoemaker preguntaron a los estudiantes en qué año sufrió Atila, el rey de los hunos, su aplastante derrota en Europa. Al igual que en el experimento con el número de la seguridad social, los participantes se anclaron a las últimas cifras de su número de teléfono. El mismo resultado: las personas con números altos respondieron con los números de año más altos, y viceversa. (La respuesta para Atila, por si le interesa: en el año 541.)

Un experimento más: estudiantes y agentes inmobiliarios visitaron una casa y al final se les pidió que estimaran el valor de la casa. Antes se les comunicó una «lista de precios de venta» (generada al azar). Como era de esperar, los estudiantes, o sea los no profesionales, se dejaron influir por el ancla. Cuanto mayor era el precio de la lista, más caro estimaban el inmueble. Y los profesionales del sector inmobiliario, ¿juzgaban con independencia? Pues no, también se dejaron influir en la misma medida por el ancla puesta arbitrariamente. Cuanto más indeterminable es el valor de un objeto —inmuebles, empresas, obras de arte—, más propensos son los profesionales a anclarse.

Existe multitud de anclas y todos nos agarramos a ellas. Demostrado científicamente: si un profesor conoce las notas previas de un alumno, estas le influyen al calificar sus nuevos trabajos. Las notas pasadas funcionan de ancla. También el «precio de venta al público recomendado» que se imprime en muchos productos no es más que un ancla. Los expertos en ventas saben que tienen que poner un ancla mucho antes de hacer una oferta.

En mi juventud, trabajé en una asesoría. Mi jefe de entonces era un auténtico profesional de las anclas. Ya en la primera entrevista con un cliente colocaba un ancla a un nivel casi criminal por encima de los costes internos: «Solo para que no se sorprenda, querido cliente, cuando reciba la oferta. Hemos hecho un proyecto semejante para uno de sus competidores y está en torno a los cinco millones de euros.» Ancla echada. Las negociaciones sobre el precio empezaron justo en cinco millones.

LA INDUCCIÓN

Cómo quitar a la gente sus millones

Un ganso es alimentado. Al principio el receloso animal duda y piensa: «¿Por qué me alimenta esta gente? Aquí hay gato encerrado.» Las semanas pasan, pero cada día el granjero acude y le lanza granos de cereal. Poco a poco disminuye su escepticismo. Tras unos meses, el ganso está seguro: «¡Esta gente me aprecia mucho!», una certeza que confirma de nuevo cada día, y reforzada. Absolutamente convencido de la bondad del granjero, le asombra que el día de Navidad lo saque del cercado y lo mate. El ganso de Navidad ha caído víctima del pensamiento inductivo. David Hume ya avisó de la inducción en el siglo XVIII con este mismo ejemplo. Pero no solo los gansos pueden caer en él. Todos tendemos a deducir certezas generales a partir de observaciones aisladas. Eso es peligroso.

Un inversor ha comprado acciones X. La cotización sube como un cohete. Al principio es escéptico. «Seguro que es una burbuja», piensa. Cuando las acciones siguen engordando al cabo de unos meses, su suposición se convierte en certeza: «Estos títulos ya no se pueden hundir», y cada día confirma de nuevo esa convicción. Tras medio año, invierte todos sus ahorros en esas acciones. Ahora se encuentra en un riesgo de concentración. Ha caído víctima de la inducción y algún día lo pagará.

También se puede sacar provecho del pensamiento inductivo. Aquí va un consejo para desplumar a otras personas. Envíe cien mil pronósticos bursátiles. En la mitad de sus e-mails pronostique que la cotización subirá durante el próximo mes, en la otra mitad avise de un retroceso. Supongamos que al mes se han hundido los índices. Ahora vuelva a enviar un mensaje, pero esta vez solo a las cincuenta mil personas a las que hizo un pronóstico acertado (que la cotización se hundiría). Divida a estos cincuenta mil en dos grupos. A la primera mitad escríbales que la cotización subirá el próximo mes, a la segunda mitad que se hundirá, y así sucesivamente. Al cabo de diez meses, quedan cien personas a las que usted ha asesorado sin equivocarse. Para esos cien usted es un héroe. Ha demostrado que posee una capacidad de pronóstico realmente profética. Algunos de esos seguidores le confiarán sus bienes. Con el dinero, lárguese a Brasil.

Así no solo engañamos a los demás, también nos engañamos a nosotros mismos. La gente que rara vez está enferma se considera inmortal. Un director ejecutivo que puede anunciar un aumento de beneficios durante muchos trimestres sucesivos se considera infalible, y sus empleados y accionistas también.

Yo tuve un amigo que se dedicaba al salto base. Saltaba desde riscos, antenas y edificios tirando de la cuerda del paracaídas solo en el último momento. Cuando le hablé una vez del riesgo de su deporte, me respondió: «Ya llevo más de mil saltos y nunca me ha pasado nada.» Dos meses después de esa conversación estaba muerto. Murió al saltar de unas rocas especialmente peligrosas en Sudáfrica. Una única observación contraria basta para barrer miles de teorías confirmadas.

El pensamiento inductivo también puede tener consecuencias devastadoras, pero aun así no podemos vivir sin él. Confiamos en que las leyes de la aerodinámica sigan funcionando mañana cuando subamos al avión. Contamos con que nos darán una paliza sin motivo en la calle. Contamos con que nuestro corazón seguirá latiendo mañana. Son certezas sin las que no podríamos vivir. Necesitamos la inducción, pero nunca debemos olvidar que las certezas son solo provisionales. Como decía Benjamin Franklin, «nada es seguro, salvo la muerte y los impuestos».

La inducción puede ser tentadora: «La humanidad siempre lo ha logrado, así que también nosotros controlaremos los futuros desafíos.» Suena bien, pero no reparamos en que esta afirmación solo puede hacerla una especie que haya sobrevivido hasta ahora. Tomar el hecho de que existamos como indicio de que también existiremos en el futuro es un grave error de lógica. Presumiblemente, el más grave.

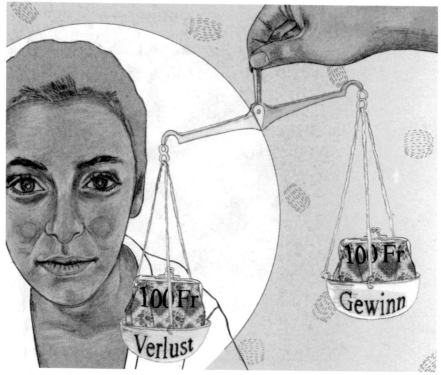

Pérdida. Ganancia.

LA AVERSIÓN A LA PÉRDIDA

Por qué las caras enfadadas nos llaman más la atención que las amables

Piense en lo bien que se siente hoy, en una escala del 1 al 10. Bien, dos preguntas: Primera, ¿qué haría subir su felicidad al 10? ¿Quizás esas vacaciones en la Costa Azul con las que sueña desde hace tiempo? ¿Un ascenso en su carrera profesional? Segunda, ¿qué podría ocurrir que redujera su felicidad al menos en la misma medida (paraplejia, alzhéimer, cáncer, depresión, guerra, hambre, tortura, ruina económica, deterioro de su buena reputación, pérdida de su mejor amigo, secuestro de sus hijos, ceguera, muerte)? Como ve, los «bajones» superan a los «subidones», hay más cosas malas que buenas. En nuestro pasado evolutivo, la diferencia era aun más notable. Un error tonto y estabas muerto. Todo lo posible conducía a una rápida separación del «juego de la vida»: falta de atención en la caza, un tendón inflamado, la exclusión del grupo. La gente despistada o que asumía grandes riesgos moría antes de poder transmitir sus genes a la siguiente generación. Los que quedaban, los cuidadosos, sobrevivieron. Somos sus descendientes.

No es de extrañar que demos más valor a las pérdidas que a las ganancias. Cuando pierde cien euros, le cuesta una mayor cantidad de felicidad que la que gana si le regalo cien euros. Demostrado empíricamente: desde el punto de vista emocional, una pérdida pesa alrededor del doble que una ganancia del mismo tamaño. La ciencia lo denomina «aversión a la pérdida».

Si quiere convencer a alguien, no argumente con una posible ganancia, sino con evitar una posible pérdida. Veamos el ejemplo de una campaña para la detección precoz del cáncer de mama. Se enviaron dos folletos diferentes. El folleto A argumentaba: «Hágase una mamografía anual. Así se puede detectar a tiempo un posible cáncer de mama y erradicarlo.» En el folleto B: «Si no se hace una mamografía anual se arriesga a no detectar a tiempo un posible cáncer de mama y a no poder erradicarlo.» En cada folleto había un número de teléfono para obtener información adicional. El estudio demostró que las lectoras del folleto B llamaron mucho más.

El miedo a perder algo motiva a la gente mucho más que pensar en ganar algo de valor semejante. Supongamos que fabrica material aislante para viviendas. Sus clientes estarán más dispuestos a aislar su casa si les dice cuánto dinero pueden perder con un aislamiento deficiente que si les dice cuánto dinero les puede ahorrar un buen aislamiento. Naturalmente, el importe es el mismo.

Lo mismo ocurre en la bolsa: los inversores tienden a no convertir en efectivo las pérdidas, prefieren y esperan que sus acciones vuelvan a recuperarse. Una pérdida sin convertir en efectivo no es una pérdida. Por tanto, no venden aunque la perspectiva de recuperación sea mínima y la probabilidad de más caídas sea grande. Una vez conocí a un multimillonario que se alteró tremendamente porque había perdido un billete de cien euros. ¡Qué derroche de emociones! Le recordé que el valor de su cartera de inversiones fluctuaba cada segundo en torno a cien euros.

Los compañeros de trabajo (en caso de que sean los únicos responsables y no decidan en grupo) tienden a ser esquivos al riesgo. Desde su perspectiva, tiene sentido. ¿Por qué arriesgarse a algo que en el mejor de los casos les regalará un buen bono y, en el caso contrario, les costará el puesto? En casi todas las empresas y en casi todos los casos arriesgar la carrera pesa más que el posible beneficio. Cuando se queje como jefe de la escasa disposición para asumir riesgos de sus empleados, ya sabe por qué. Por la aversión a la pérdida.

No podemos evitarlo: lo malo es más fuerte que lo bueno. Reaccionamos con más sensibilidad a las cosas negativas que a las positivas. Por la calle, nos fijamos antes en una cara antipática que en una amable. Recordamos durante más tiempo un mal comportamiento que uno bueno. Con una excepción, por supuesto: cuando se trata de nosotros.

LA PEREZA SOCIAL

Por qué los equipos son vagos

Maximilian Ringelmann, un ingeniero francés, investigó en 1913 el rendimiento de los caballos. Descubrió que el rendimiento de dos animales de tiro enganchados juntos a un carruaje no es el doble que el rendimiento de un único caballo. Sorprendido por este resultado, amplió su investigación a la gente. Hizo que varias personas tiraran de una cuerda y midió la fuerza que cada uno aplicó. De media, las personas que tiraban en pareja invertían el 93 por ciento de la fuerza de un único tirador; si tiraban de tres en tres, era del 85 por ciento; y en grupos de ocho, solo el 49 por ciento.

Aparte de sorprender a los psicólogos, este resultado no sorprende a nadie. La ciencia lo denomina «pereza social» (*social loafing*). Aparece donde el rendimiento del individuo no es directamente visible, sino que se diluye en el grupo. Hay pereza social en el remo, pero no en los relevos, porque en este caso las contribuciones individuales son públicas. La pereza social es un comportamiento racional: ¿por qué invertir toda la fuerza si con la mitad es suficiente sin que se note? En resumen, la pereza social es una forma de engaño que nos hace culpables a todos. Por lo menos, no intencionadamente. El engaño se desarrolla inconscientemente, como en el caso de los caballos.

Lo sorprendente no es que el rendimiento individual retroceda cuanta más gente tira de una cuerda. Lo sorprendente es que no caiga a cero. ¿Por qué no una pereza total? Porque un rendimiento cero llamaría la atención con todas sus consecuencias, como la expulsión del grupo o el descrédito. Hemos desarrollado un fino sentido para saber hasta qué grado resulta invisible la pereza.

La pereza social no solo se presenta en el rendimiento físico. También vagueamos mentalmente, por ejemplo en reuniones. Cuanto mayor es el equipo, más débil es nuestra participación individual, hasta que el rendimiento de un determinado tamaño de grupo alcanza un nivel del que ya no puede bajar más. Ya no importa si el grupo se compone de veinte o cien personas: se ha alcanzado el máximo grado de pereza.

Hasta aquí, bien. Pero ¿de dónde sale la afirmación repetida desde hace años de que los equipos son mejores que los luchadores individuales? Quizá de Japón. Hace treinta años, los japoneses inundaron los mercados mundiales con sus productos. Los economistas examinaron detenidamente el milagro industrial y vieron que las fábricas japonesas estaban organizadas en equipos. Precisamente ese es el modelo que se imitó, con éxitos divergentes. Lo que en Japón funcionó bastante bien (mi tesis: la pereza social apenas se da allí) no se pudo reproducir a escala con los norteamericanos y europeos, con distintas idiosincrasias. En todo caso, aquí los equipos son probablemente mejores si se componen de personas especializadas lo más diferentes posible. Tiene sentido, pues en esos grupos los rendimientos individuales pueden atribuirse a los especialistas.

La pereza social tiene efectos interesantes. En los grupos no solo ocultamos el rendimiento, sino también la responsabilidad. Nadie quiere tener la culpa de los malos resultados. Un claro ejemplo fueron los procesos de Núremberg contra los nazis; otro, menos explosivo, lo encontramos en los consejos de dirección o equipos directivos. Uno se esconde detrás de las decisiones del grupo. Se denomina «difusión de responsabilidad».

Por el mismo motivo, los grupos tienden a aceptar riesgos

mayores que las personas individuales. Este efecto se conoce como «inclinación al riesgo» (*risky shift*), es decir, un desplazamiento hacia el riesgo. Las discusiones en grupo conducen a que se tomen decisiones más arriesgadas que las que habrían elegido esas personas para ellas solas. «No toda la culpa es mía si sale mal.» La inclinación al riesgo es peligrosa en los equipos de estrategia de empresas y cajas de pensiones en las que se trata de miles de millones, o en el ejército, donde los equipos pueden decidir sobre el uso de armas atómicas.

Conclusión: las personas se comportan en los grupos de forma diferente de cuando están solas (si no, no habría grupos). Las desventajas de los grupos se reducen al dar visibilidad en lo posible a los rendimientos individuales. ¡Viva la meritocracia! ¡Viva la sociedad del rendimiento!

EL CRECIMIENTO EXPONENCIAL

Por qué una hoja doblada sobrepasa nuestro pensamiento

Se dobla una hoja por la mitad, después otra vez por la mitad y otra y otra. ¿Cómo será de gruesa después de doblarla cincuenta veces? Anote su estimación antes de seguir leyendo.

Segunda pregunta. Puede elegir: A) Durante los próximos treinta días le regalo mil euros al día. B) Durante los próximos treinta días le regalo un céntimo el primer día, dos céntimos el segundo, cuatro céntimos el tercero, al cuarto ocho céntimos y así sucesivamente. Decida sin hacer muchos cálculos: A o B.

¿Ya está? Bien. Si partimos de que una hoja de papel tiene una décima de milímetro de grosor, entonces este asciende a cien millones de kilómetros tras cincuenta dobleces, como puede comprobarse fácilmente con una calculadora de bolsillo. Eso corresponde aproximadamente a dos tercios de la distancia entre la Tierra y el Sol. En la segunda pregunta, merece la pena quedarse con la respuesta B, aunque la A suene más seductora. Si elige la A, ganará treinta mil euros a los treinta días, con la respuesta B más de diez millones.

El crecimiento lineal lo entendemos intuitivamente. Pero no tenemos sensibilidad para el crecimiento exponencial (o porcentual). ¿Por qué no? Porque el pasado evolutivo no nos ha preparado para ello. Las experiencias de nuestros antecesores fueron en su mayor parte de tipo lineal. Quien invertía el doble de tiempo en recolectar, recogía el doble de bayas. Quien cazaba dos mamuts en vez de uno en la zanja, tenía alimento para el doble de tiempo. Prácticamente no hay ejemplos de la Edad de Piedra en los que la gente se haya topado con el crecimiento exponencial. Hoy en día es diferente.

Un político dice: «El número de accidentes de tráfico aumenta cada año un siete por ciento.» Seamos sinceros, por intuición no lo entendemos. Así pues, utilice un truco. Calcule el tiempo de duplicación. Divida el número 70 entre el porcentaje de la tasa de crecimiento. En el caso mencionado de los accidentes de tráfico: 70 / 7 = 10 años. Lo que el político dice en realidad es: «El número de accidentes de tráfico se duplica cada diez años.» Bastante alarmante.

Otro ejemplo: «La inflación asciende al cinco por ciento.» Quien oye eso piensa: «No está tan mal, ¿qué es un cinco por ciento?» Calculemos rápidamente el tiempo de duplicación: 70 / 5 = 14 años. En catorce años un euro solo valdrá la mitad, un escándalo para todos los que tienen una cuenta de ahorros.

Supongamos que usted es periodista y recibe una estadística en la que el número de perros registrados en su ciudad crece un 10 por ciento anual. ¿Qué titular pone a su artículo? Seguro que no «Permisos de perros aumentan 10 por ciento». Eso no le interesa a nadie. Mejor: «Exceso de perros: ¡el doble de chuchos en solo siete años!»

Nada que crezca porcentualmente crece eternamente; también de eso se olvida la mayoría de políticos, economistas y periodistas. Cualquier crecimiento exponencial llega en algún momento a su límite, garantizado. La bacteria intestinal *Escherichia coli* se divide cada veinte minutos. En pocos días habría cubierto la Tierra. Pero consumiría más oxígeno y azúcar que el que se renovaría, lo que pronto frenaría el crecimiento de esa población.

Que a nuestro cerebro le cuesta el crecimiento porcentual ya se sabía en la antigua Persia. De allí procede este cuento. Érase una vez un cortesano listo que le regaló un tablero de ajedrez a su rey. Este le preguntó: «Dime, ¿cómo puedo demostrarte mi agradecimiento?» «Nada más quiero, noble soberano, que pudierais llenar el tablero de arroz. Poned un grano de arroz en el primer cuadro, y después, en el siguiente cuadro, el doble de granos. Es decir, dos granos de arroz en el segundo cuadro, cuatro granos en el tercero y así sucesivamente.» El rey quedó asombrado: «Te honra, querido cortesano, que expreses un deseo tan humilde.» ¿Cuánto arroz es? El rey pensaba en un saquito. En realidad, habría necesitado más arroz que el que crece en el planeta.

Conclusión: cuando se trata de tasas de crecimiento, no confíe en su impresión. No la tiene, acéptelo. Lo que realmente le ayuda es la calculadora o, en caso de tasas de crecimiento pequeñas, el truco del tiempo de duplicación.

LA MALDICIÓN DEL GANADOR

¿Cuánto pagaría por un euro?

Tejas en la década de 1950. Se subasta un terreno. Diez compañías petroleras pujan. Cada una ha hecho una estimación de la cantidad de petróleo que contiene el terreno. La estimación más baja es de diez millones de dólares; la mayor, cien millones de dólares. Cuanto mayor es el precio durante la subasta, más empresas desisten de la puja. Al final se adjudica a la empresa con la oferta más alta. Se ha quedado sola, ha ganado. Los corchos del champán saltan.

La «maldición del ganador» (*winner's curse*) provoca que el ganador de una subasta sea, en la mayoría de casos, el auténtico perdedor. Los analistas industriales averiguaron que las empresas que solían adjudicarse las subastas de campos petrolíferos pagaron siempre demasiado y años después quebraron. Eso es comprensible. Si las estimaciones varían entre diez y cien millones, probablemente el auténtico valor estará en algún punto intermedio. En las subastas, la puja más alta suele ser demasiado alta, a menos que el postor tenga información privilegiada. Ese no era el caso entonces en Tejas. Los petroleros celebraban de verdad una victoria pírrica.

¿Dónde están los equivalentes de los campos petrolíferos hoy en día? Por todas partes. Desde eBay hasta Google Ad-Words pasando por Groupon, por todas partes se fijan precios mediante subastas. Hay subastas de licitaciones para las frecuencias de telefonía móvil que llevan a las empresas de telecomunicaciones al borde de la ruina. Los aeropuertos alquilan sus pistas de aterrizaje en procesos de subasta. Y cuando la cadena de supermercados Aldi quiere introducir un nuevo detergente y exige oferta de cinco proveedores, eso no es más que una subasta... con el peligro de la maldición del ganador.

La «subastización» del día a día ha alcanzado entretanto también, gracias a internet, a los profesionales. Mi piso necesitaba una nueva mano de pintura. En vez de llamar al primer pintor disponible de Lucerna, anuncié el trabajo en internet, donde treinta licitadores de toda Suiza y Alemania se pelearon por la adjudicación. La mejor oferta era tan ajustada que no la acepté por compasión, para ahorrarle al pobre pintor la maldición del ganador.

También las salidas a bolsa son subastas en las que se pagan precios desorbitados. Y si unas empresas compran otras empresas —lo que se conoce como fusiones y adquisiciones—, la maldición del jugador a menudo tiene mayor presencia. Más de la mitad de las compras de empresas destruyen valor, lo que significa que esa compra no ha merecido la pena.

¿Por qué caemos víctimas de la maldición del ganador? Por un lado, porque el auténtico valor de un bien es incierto. Cuantas más partes, mayor es la probabilidad de una oferta excesivamente optimista. Por otro lado, porque queremos echar a la competencia. Un amigo tiene una fábrica de microantenas. Me ha hablado de subastas ruinosas que Apple organiza para el iPhone. Todos quieren ser el «proveedor oficial» de Apple, pero quien reciba la adjudicación perderá dinero con seguridad.

¿Cuánto pagaría por cien euros? Imagínese que les invitan a usted y a su competidor a semejante subasta. Las reglas del juego: quien ofrezca la mayor oferta, recibe el billete de cien; y —esto es importante— los dos pujadores deben pagar en ese momento su última oferta. ¿A cuánto llegaría? Desde su punto de vista, tiene sentido pagar veinte, treinta o cuarenta euros por un billete de cien. Su competidor, por supuesto, piensa exactamente igual. Incluso noventa y nueve euros es una oferta sensata. Ahora su competidor ofrece cien. Si esta queda como la puja más alta, él se va con un beneficio nulo (cien euros por cien euros), pero usted deberá pagar noventa y nueve euros (su última oferta) sin contraprestación. Así pues, seguirá pujando. Con ciento diez tiene unas pérdidas garantizadas de diez euros, pero su competidor pierde cien. Así que él también seguirá pujando. ¿Dónde lo deja usted? ¿Dónde lo deja su competidor? Juegue con sus amigos.

Tome en consideración el consejo de Warren Buffett: «Nunca participe en subastas.» ¿No le sirve porque usted trabaja en un sector en el que las subastas son imprescindibles? Entonces fije un precio máximo y quítele un 20 por ciento por el efecto de la maldición del ganador. Escriba ese número en una hoja y aférrese a él inflexiblemente.

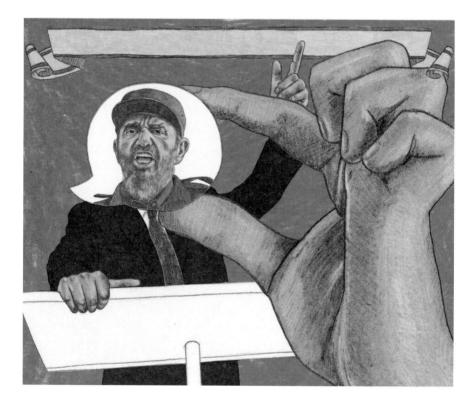

EL ERROR FUNDAMENTAL DE ATRIBUCIÓN

Nunca le pregunte a un escritor si su novela es autobiográfica

Abre el periódico y lee que un director ejecutivo debe dimitir por la mala marcha de la empresa. En la sección de deportes se entera de que su equipo preferido ha quedado campeón gracias al jugador X o el entrenador Y. «Ninguna historia sin historia», dice una regla de las redacciones periodísticas. Los periodistas (y sus lectores) son culpables del error fundamental de atribución, también conocido como sesgo de correspondencia. Indica la tendencia a sobrestimar sistemáticamente la influencia de personas y subestimar los factores externos y situacionales cuando se trata de explicar algo.

Investigadores de la Universidad de Duke realizaron en 1967 el siguiente experimento. Un orador pronunció un encendido discurso de Fidel Castro. A los sujetos de experimentación se les informó de que al orador se le había asignado el discurso independientemente de sus opiniones políticas, simplemente leía un texto que le habían puesto delante. Sin embargo, la mayoría de los presentes pensaba que el discurso reflejaba la opinión del orador. Responsabilizaron del contenido del discurso a su personalidad y no a factores externos, es decir, a los profesores que lo habían puesto en su boca.

El error de atribución surte efecto sobre todo en sucesos negativos. «Culpamos» de las guerras a personas: Hitler tiene la Segunda Guerra Mundial sobre su conciencia, el responsable del atentado de Sarajevo la de la Primera. Y eso aunque las guerras son sucesos que no se pueden pronosticar, cuya dinámica ni siquiera hoy entendemos, lo que vincula las guerras con los mercados financieros y las cuestiones de clima.

Así pues, la causa de la buena o mala marcha de un negocio la buscamos primero en el jefe de la empresa. Sin embargo, deberíamos saber que el éxito económico depende mucho más de la situación económica general y del atractivo del sector que de la brillantez de las técnicas de liderazgo. Es interesante la frecuencia con la que los directores ejecutivos se intercambian en un sector en crisis... y las pocas veces que eso pasa en un sector en auge. Las decisiones no son más racionales que con los entrenadores de fútbol y sus equipos.

Suelo ir a conciertos; como residente en Lucerna, me dejo mimar por la magnífica oferta musical de esta ciudad. Las conversaciones del intermedio giran casi siempre en torno al director o los solistas. Salvo en los estrenos, casi nadie habla de la composición. ¿Por qué no? La auténtica maravilla de la música es la composición, la creación de estados de ánimo donde antes solo había una hoja en blanco. La diferencia entre una partitura y otra es mil veces más impresionante que la diferencia de una interpretación a otra. Pero no pensamos así. La partitura, a diferencia del director o los solistas, no tiene cara.

Como escritor vivo el error de atribución de la siguiente manera. Tras una lectura pública (en sí misma una empresa dudosa), la primera pregunta siempre es, siempre, de verdad: «¿Qué hay de autobiográfico en su novela?» Me encantaría gritar a todos los presentes: «¡No se trata de mí! ¡Se trata del libro, del texto, del lenguaje, de la verosimilitud de la historia! ¡Maldición!» Lamentablemente, mi educación pocas veces me permite semejantes exabruptos.

Además, hay que ser comprensivos con el error de atribución. La loca admiración por otras personas procede de nuestro pasado evolutivo. La pertenencia a un grupo era necesaria para sobrevivir. Ser expulsado significaba la muerte segura. La procreación, la defensa y la mayor parte de la caza eran imposibles para uno solo. Necesitábamos a los otros. Los vagabundos solitarios —y seguro que había algunos— han desaparecido del acervo genético. Por eso estamos tan exageradamente obsesionados con la gente. Por eso dedicamos aproximadamente el 90 por ciento de nuestro tiempo a pensar en gente y solo un 10 por ciento en conexiones situacionales.

Conclusión: el teatro de la vida nos fascina tanto que la gente sobre el escenario no son personalidades completas y seguras de sí mismas, sino que se tambalean de situación en situación. Si de verdad quiere entender la obra que se está representando, entonces no preste atención al intérprete. Fíjese más en el baile de influencias al que se ve sometido el actor.

La falsa causalidad

Por qué no debería creer en la cigüeña

Para los habitantes de las Hébridas, un archipiélago al norte de Escocia, los piojos en el pelo forman parte de la vida. Si los piojos abandonan a su huésped, este enferma y tiene fiebre. Por eso, para acabar con la fiebre, los enfermos se ponían piojos en el pelo a propósito. Por lo visto, el éxito dio la razón a los de las Hébridas: en cuanto los piojos anidaban, el paciente mejoraba.

Una investigación sobre las intervenciones de los bomberos en una ciudad dio como resultado que el número de bomberos empleados cada vez estaba en correlación: cuantos más bomberos participaban en la intervención, más daños causaba el incendio. El alcalde impuso inmediatamente una suspensión de la contratación de nuevo personal y redujo el presupuesto.

Las dos historias proceden del libro *Der Hund, der Eier legt* (El perro que ponía huevos) y muestran la confusión de causa y efecto. Los piojos abandonan al enfermo porque tiene fiebre —simplemente les entra miedo—. Cuando la fiebre ha bajado, regresan. Y cuanto más grande y destructor es el incendio, más bomberos participan —evidentemente no al revés.

Queremos sonreírnos con estas historias, pero la falsa causalidad nos conduce al error casi a diario. Consideremos este titular: «Una buena motivación de los empleados conduce a mayores beneficios empresariales.» ¿De verdad? ¿O no será que quizá los empleados están más motivados porque le va bien a la empresa? Los autores de libros de economía y los asesores suelen funcionar con causalidades falsas —o, al menos, no garantizadas.

En la década de 1990 no había nadie más sagrado que el entonces jefe de la Reserva Federal norteamericana, Alan Greenspan. Sus oscuras declaraciones concedían a la política monetaria la aureola de una ciencia oculta que mantenía al país en la senda segura de la prosperidad. Los políticos, los periodistas y los líderes económicos adoraban a Greenspan. Hoy sabemos que los comentaristas fueron víctimas de la falsa causalidad. La simbiosis de Estados Unidos con China —el productor barato global y acreedor de la deuda norteamericana— desempeñó un papel mucho más importante. Cargando las tintas, Greenspan simplemente tuvo suerte de que la economía funcionara tan bien en su época.

Un ejemplo más. Los científicos han descubierto que los internamientos hospitalarios largos son perjudiciales para el paciente. Una buena noticia para todas las aseguradoras, a las que interesa que las estancias de sus asegurados sean lo más breves posible. Pero naturalmente, los pacientes a quienes se da el alta enseguida están más sanos que aquellos que deben quedarse más tiempo. Y eso no se debe a que los ingresos largos sean menos saludables.

Otro titular: «Demostrado científicamente: las mujeres que usan el champú X a diario tienen un pelo más fuerte.» La relación de causalidad puede corroborarse científicamente, pero no aclara nada, absolutamente nada sobre cómo el champú fortalece el pelo. Puede ser igualmente válido que las mujeres de pelo fuerte tiendan a usar el champú X (quizá porque en la etiqueta pone: «especial para cabello fuerte»).

Recientemente he leído que los escolares que proceden de hogares donde hay muchos libros obtienen mejores resultados académicos. Ese estudio llevó a que los padres corrieran a comprar libros. Un bonito ejemplo de falsa causalidad. Lo cierto es que para los padres con estudios la educación de sus hijos suele ser más importante que para los padres sin estudios. Y los padres con estudios suelen tener más libros que los sin estudios. Los libros no son lo decisivo, sino el nivel educativo de los padres... y de sus genes.

El mejor ejemplo de falsa causalidad es la relación entre la disminución de la natalidad y el retroceso en el número de parejas de cigüeñas en Alemania. Si se trazan ambas líneas de desarrollo entre 1965 y 1987, van casi perfectamente paralelas. ¿Significa eso que las cigüeñas traen a los niños? Claro que no, se trata de una correlación puramente casual y, con seguridad, no hay ninguna causalidad.

Conclusión: la relación no es causalidad. Observe bien. A veces, la flecha del efecto va justo en la dirección contraria. Y a veces ni siquiera hay flecha, como en el caso de las cigüeñas y los bebés.

Leal. Simpática. Inteligente.

EL EFECTO HALO

Por qué la gente guapa hace carreras más fáciles

La empresa Cisco de Silicon Valley era la preferida de la era de la Nueva Economía. Según la opinión de los periodistas económicos, simplemente lo hacía todo bien: la mejor orientación al cliente, una estrategia perfecta, gran destreza en las adquisiciones, una cultura empresarial única, un director ejecutivo carismático. En marzo de 2000, Cisco era la empresa más valiosa del mundo.

Cuando sus acciones perdieron un 80 por ciento al año siguiente, los mismos periodistas reprocharon a la empresa justo lo contrario: una mala orientación al cliente, una estrategia confusa, poca destreza en las adquisiciones, una cultura empresarial coja, un director ejecutivo falto de ideas. Y eso que ni la estrategia, ni el director general habían cambiado. La demanda se había hundido, pero eso no tenía nada que ver con Cisco.

El efecto halo significa que nos dejamos deslumbrar por un aspecto y de ahí deducimos la imagen de conjunto. La palabra «halo» no es un saludo, sino que se refiere a la aureola. En el caso de Cisco brillaba con especial intensidad. Los periodistas se dejaron deslumbrar por la cotización de las acciones y dedujeron las cualidades internas de la empresa sin investigarlas detenidamente.

El efecto halo funciona siempre del mismo modo. A partir de hechos bien logrados o especialmente llamativos, como la situación financiera de una empresa, deducimos automáticamente cualidades difíciles de averiguar, como la calidad del equipo directivo o la brillantez de una estrategia. Así, tendemos a percibir los productos de un fabricante con buena reputación como cualitativamente valiosos, aunque no tengamos razones objetivas al respecto. O bien, de los directores ejecutivos que han triunfado en un sector se supone que triunfarán en todos los sectores, pues incluso en su vida privada tienen que ser héroes.

El psicólogo Edward Lee Thorndike descubrió el efecto halo hace casi un siglo. Una única cualidad de una persona (por ejemplo, la belleza, el estatus social, la edad) ofrece una impresión positiva o negativa que «deslumbra» todo lo demás y, así, influye desmesuradamente en la impresión general. La belleza es el ejemplo más analizado. Docenas de estudios han demostrado que a los guapos los consideramos más simpáticos, sinceros e inteligentes. A la gente atractiva también le resulta más fácil hacer carrera, y eso no tiene que ver con el mito (en el caso de las mujeres) de «acostarse para trepar». El efecto ya se demuestra en la escuela, donde los profesores inconscientemente ponen mejores notas a los alumnos de mejor aspecto.

La publicidad conoce bien el efecto halo. Muchos famosos sonríen luminosamente desde los carteles de anuncios. Por qué un tenista profesional debe ser un experto en máquinas de café no se puede comprender racionalmente, pero no perjudica al éxito de la publicidad. Lo pérfido del efecto halo es precisamente que se queda en el subconsciente.

La mayor desgracia que causa este efecto se da cuando el origen, el género o la raza se convierten en el rasgo dominante que deslumbra todas las demás cualidades de una persona. Entonces hablamos de «estereotipación». No hay que ser racista o sexista para ser su víctima. El efecto halo enturbia nuestra vista como nubla la de periodistas, profesores y consumidores.

Esporádicamente, el efecto halo también tiene consecuencias buenas, al menos a corto plazo. ¿Alguna vez ha estado locamente enamorado? Entonces sabe la intensidad con que puede brillar un halo. La persona que usted se come con los ojos parece perfecta: más atractiva que la media, inteligente, simpática y cariñosa. Incluso ahí, donde sus amigos le señalan con el dedo índice defectos claros, usted no ve más que manías encantadoras.

Conclusión: el efecto halo nos bloquea la visión de las auténticas cualidades. Observe alrededor más detenidamente. Deje de lado las características que destacan. Las grandes orquestas hacen eso cuando piden a los candidatos que toquen detrás de una cortina. Así evitan que el género, la raza o el aspecto influyan en su valoración. A los periodistas económicos les recomiendo que no juzguen una empresa en función de sus cifras trimestrales (eso ya lo hace la bolsa), sino que rasquen más a fondo. Lo que se saca a la luz así no siempre es bueno, pero a veces es instructivo.

LAS VÍAS ALTERNATIVAS

¡Enhorabuena! Ha ganado en la ruleta rusa

Usted queda con un oligarca ruso en un bosque a las afueras de su ciudad. El oligarca tiene un maletín y un revólver. El maletín está repleto de euros, en total diez millones en billetes. En el tambor del revólver hay una única bala, las otras cinco cámaras están vacías. «¿Ganas de ruleta rusa? —pregunta el oligarca—. Dispara una vez y el maletín con todo su contenido será tuyo.» Se lo piensa. Diez millones tendrían un profundo impacto en su vida: para empezar, ¡no trabajar nunca más! Por fin podría dedicarse a coleccionar coches deportivos en vez de sellos.

Supongamos que acepta el reto, se apoya la boca del revólver en la sien y dispara. Oye un suave clic y nota cómo la adrenalina le inunda el cuerpo. No sale disparo alguno. Ha sobrevivido. Se lleva el dinero, se construye una villa señorial en el mejor barrio de Fráncfort y despierta la envidia de sus vecinos.

Uno de esos vecinos cuya casa ha quedado ensombrecida por su villa es un destacado abogado. Trabaja doce horas al día, trescientos días al año. Su tarifa por hora es considerable, pero nada fuera de lo común: 600 euros. En resumen, puede ahorrar medio millón limpio al año. De vez en cuando se saludan desde sus respectivos jardines y sonríen mientras usted se regocija secretamente. Él tendrá que trabajar veinte años más para compararse con usted.

Supongamos que tras esos veinte años el abogado logra esos diez millones. Ahora por fin su villa puede compararse a la de usted. Un periodista pasa por allí y hace un reportaje sobre los adinerados vecinos de esa zona, con fotos de las suntuosas residencias y de las jóvenes bellezas que tanto usted como su vecino han adquirido junto con la casa. Él comenta el interiorismo y la finura del diseño del jardín. Sin embargo, la diferencia crucial entre ustedes dos permanece oculta: el riesgo que se esconde tras los respectivos diez millones. Ahí debería reconocer las vías alternativas, y en eso no solo los periodistas son malos, sino todos nosotros.

¿Qué son las vías alternativas? Todo lo que igualmente podría haberse hecho realidad, pero no ha sido así. En la ruleta rusa, cuatro vías alternativas podrían haber conducido al mismo resultado (una ganancia de diez millones de euros), y una quinta a la muerte, una diferencia enorme. En el caso del abogado las posibles vías están mucho más cerca. En un pueblo quizá solo habría ganado 200 euros a la hora. En el corazón de Hamburgo y trabajando para un gran banco, quizás 800. Pero, a diferencia de usted, no ha tenido ninguna vía alternativa que lo hubiera matado.

Las vías alternativas no pueden verse, por eso pensamos tan poco en ellas. El que gana millones especulando con bonos basura, opciones y seguros de impago de deuda jamás debería olvidar que al mismo tiempo arrastra un manojo de vías alternativas que conducen directamente a la ruina. Diez millones que surgen de un altísimo riesgo tienen menos valor que diez millones que se han reunido con el esfuerzo de muchos años. No obstante, un contable siempre podrá afirmar que diez millones son diez millones.

En una de nuestras cenas, Nassim Taleb me propuso lanzar una moneda para decidir quién pagaría la cuenta. Le tocó a él. La situación me resultó incómoda, pues él estaba de visita en Suiza. Le dije: «La próxima vez pagaré yo, aquí o en Nueva York.» Él lo sopesó y dijo: «Considerando las vías alternativas, en realidad has pagado la mitad de la cena.»

Conclusión: el riesgo no se ve directamente. Por eso, piense siempre en el aspecto que tienen las vías alternativas. Tómese menos en serio el éxito que se logra por vías alternativas arriesgadas que el éxito que ha logrado usted por vías «aburridas» (por ejemplo, con una actividad laboriosa como abogado, dentista, instructor de esquí, piloto o asesor de empresas). Como dijo Montaigne: «Mi vida ha estado llena de desgracias de las que la mayoría no se hicieron realidad.»

El euro se romperá. El crudo se acabará dentro de 15 años. Los vinos argentinos pronto serán más apreciados que los franceses.

LA ILUSIÓN DEL PRONÓSTICO

Cómo le deforma la vista la bola de cristal

«Se producirá un cambio de régimen en Corea del Norte en los próximos dos años», «Los vinos argentinos pronto serán más apreciados que los franceses», «En tres años Facebook se convertirá en el medio de conversación más importante», «El euro se romperá», «Habrá paseos espaciales para cualquiera en diez años», «El crudo se acabará dentro de quince años».

A diario, los expertos nos bombardean con sus pronósticos. ¿Cuán fiables son? Hasta hace pocos años, nadie se habría tomado la molestia de comprobar su calidad. Después llegó Philip Tetlock.

El profesor de Berkeley evaluó 82.361 pronósticos de un total de 284 expertos en un período de diez años. El resultado: los pronósticos apenas acertaron más que si se hubiera preguntado a un generador aleatorio. Pronosticadores especialmente malos resultan los expertos más seguidos en los medios, en especial los profetas de la ruina, y entre estos los que auguran escenarios de desintegración: seguimos esperando la división de Canadá, Nigeria, China, India, Indonesia, Sudáfrica, Bélgica y la Unión Europea (significativamente, en Libia no ha pensado ningún experto).

«Hay dos clases de persona que pronostican el futuro: los que no saben nada y los que no saben que no saben nada», escribió el economista de Harvard John Kenneth Galbraith, ganándose el odio de su propio gremio. Con más suficiencia aún se expresó el gestor de fondos Peter Lynch: «Estados Unidos tiene sesenta mil economistas titulados. Muchos de ellos están contratados para pronosticar crisis económicas e intereses. Si sus pronósticos acertaran solo dos veces consecutivas, serían millonarios. Por lo que sé, casi todos siguen siendo mansos empleados.» Eso fue hace diez años. Hoy Estados Unidos podría dar empleo al triple de economistas, con un efecto cero en la calidad de sus pronósticos.

El problema: los expertos no pagan ningún precio por pronósticos equivocados, ni en dinero ni en pérdida de buena reputación. Dicho de otro modo, como sociedad damos a esta gente una opción gratis. No hay ninguna consecuencia negativa al fallo de pronósticos, pero sí una positiva en forma de atención, sillones en consejos directivos y opciones de publicar si aciertan el pronóstico. Dado que el precio de esta opción es cero, vivimos una auténtica inflación de pronósticos. De este modo aumenta la probabilidad de que cada vez haya más pronósticos correctos por mera casualidad. En el mejor de los casos, habría que obligar a los pronosticadores a ingresar dinero en un «fondo de pronósticos», digamos mil euros por pronóstico. Si acierta, el experto recupera su dinero con intereses. Si no acierta, el importe se destina a una fundación benéfica.

¿Qué puede pronosticarse y qué no? No me equivocaré mucho pronosticando mi peso dentro de un año. Cuanto más complejo es un sistema y más largo es el horizonte temporal, más borroso se verá el futuro. El calentamiento global, el precio del petróleo o el tipo de cambio son casi imposibles de predecir. Las invenciones no se pueden pronosticar en absoluto. Si supiéramos qué tecnologías nos deleitarán algún día, ya estarían inventadas.

Conclusión: sea crítico con los pronósticos. Yo me he acostumbrado a un acto reflejo: primero me sonrío ante cada pronóstico, sin importar lo sombrío que sea. Así le quito importancia. A continuación me planteo dos preguntas. Primero: ¿qué sistema de incentivos tiene el experto? ¿Está contratado, podría perder su puesto si se equivocara continuamente? ¿O se trata de un gurú de moda autodesignado que genera sus ingresos mediante libros y conferencias? Si depende de la atención de los medios, sus pronósticos resultarán convenientemente sensacionales. Segunda pregunta: ¿cuán bueno es el porcentaje de aciertos del experto o gurú? ¿Cuántos pronósticos ha emitido en los últimos cinco años? Y de esos, ¿cuántos han resultado ciertos y cuántos no? Mi deseo para los medios de comunicación: por favor, no publiquen más pronósticos sin indicar la relación de resultados del presunto augur.

Para concluir, por lo adecuada que es, una cita de Tony Blair: «No hago pronósticos. Nunca los he hecho y nunca los haré.»

La historia de Klaus. Buena historia.

LA FALACIA DE LA CONJUNCIÓN

Por qué las historias plausibles logran seducir

Klaus tiene treinta y cinco años. Estudió filosofía y, desde la adolescencia, profundiza en temas del Tercer Mundo. Después de la carrera, trabajó dos años en la Cruz Roja en África Occidental y luego tres años en la sede central de Ginebra, donde ascendió hasta jefe de departamento. A continuación, hizo un máster en administración de empresas y escribió su tesina sobre la responsabilidad social corporativa. Pregunta: ¿Qué es más probable?: A) Klaus trabaja en un gran banco. B) Klaus trabaja en un gran banco como responsable de su fundación para el Tercer Mundo. ¿A o B?

Si piensa como la mayoría de la gente, elegirá B. Por desgracia, la respuesta es incorrecta, pues no solo incluye que Klaus trabaja en un gran banco, sino que cumple una condición adicional. Además, el número de personas que son banqueros y trabajan en la fundación para el Tercer Mundo del propio banco es una mínima parte de las personas que trabajan en un banco. Por eso la respuesta A es más probable. El hecho de que la B parezca más probable se debe a la «falacia de la conjunción» (*conjunction fallacy*). Este error de lógica lo estudiaron el premio Nobel Daniel Kahneman y Amos Tversky.

¿Por qué caemos en la falacia de la conjunción? Porque tenemos una comprensión intuitiva para las historias «coherentes» o «convincentes». Cuanto mayor sea la empatía y la humanidad con que se nos describa al cooperante Klaus, mayor es el riesgo del error de lógica. Si hubiera preguntado: «Klaus tiene 35 años. ¿Qué es más probable?: A) Klaus trabaja en un banco. B) Klaus trabaja en un banco en Fráncfort en el piso 24 en el despacho 57», entonces nadie caería en el error.

Veamos un nuevo ejemplo. ¿Qué es más probable?: A) El aeropuerto de Fráncfort está cerrado y se han anulado los vuelos. B) El aeropuerto de Fráncfort se ha cerrado por el mal tiempo y se han anulado los vuelos. ¿A o B? Esta vez seguro que aciertan: A es más probable, pues B incluye que se cumpla una condición adicional, el mal tiempo. También podría ser que se hubiera cerrado por una amenaza de bomba, un accidente o una huelga. Ocurre que el resto de posibilidades implicadas en una situación no nos viene a la cabeza ante una historia convincente. Haga esta prueba con sus amigos y verá que la mayoría apuesta por la B.

Ni siquiera los expertos están a salvo de la falacia de la conjunción. En un congreso internacional de futurología en 1982, los especialistas —todos del mundo académico— fueron divididos en dos grupos. Al grupo A Daniel Kahneman le presentó el siguiente escenario para 1983: «El consumo de petróleo desciende un treinta por ciento.» Al grupo B le presentó este otro: «La espectacular escalada del precio del petróleo conduce a una reducción de su consumo del treinta por ciento.» Los participantes tenían que señalar lo probable que les parecía «su» escenario. El resultado fue inequívoco: el grupo B creía mucho más en el pronóstico que se les había presentado que el grupo A.

De ahí Kahneman deduce que hay dos tipos de pensamiento. Por una parte, el pensamiento intuitivo, automático, directo. Por otra, el pensamiento consciente, racional, lento, laborioso, lógico. Por desgracia, el intuitivo saca conclusiones mucho antes de que el consciente se anime. Eso mismo me pasó a mí tras el atentado contra el World Trade Center del 11 de septiembre de 2001, cuando quise contratar un seguro de viaje. Una empresa espabilada se aprovechó de la falacia de la conjunción y ofreció un «seguro de terrorismo» especial. Aunque entonces los otros seguros cubrían todos los posibles motivos de cancelación de viaje (terrorismo incluido), piqué en la oferta. La cumbre de mi idiotez fue que incluso estaba dispuesto a pagar más por el seguro especial que por un seguro de viaje normal que también habría cubierto ese caso.

Conclusión: olvídese del tema de moda «hemisferios cerebrales izquierdo y derecho». Es mucho más importante la diferencia entre el pensamiento intuitivo y el consciente. El pensamiento intuitivo tiene debilidad por las historias convincentes. En las decisiones importantes, hará bien en no seguirlo.

99% sin grasa.

ENCUADRE

C'est le ton qui fait la musique

«¡Eh, el cubo de la basura está lleno!» o «Cariño, sería todo un detalle de tu parte si pudieras vaciar el cubo de la basura rápido». *C'est le ton qui fait la musique* (lo que hace la música es el sonido). El mismo asunto, presentado de una u otra manera, llega de forma muy diferente. En la jerga psicológica se conoce como «encuadre» (*framing*).

Encuadre quiere decir que ante la misma cuestión reaccionamos de forma diferente en función de cómo se presente. Daniel Kahneman, premio Nobel de Economía en 2002, y su colega Amos Tversky realizaron en la década de 1980 una encuesta en la que presentaban dos opciones para una estrategia de lucha contra las epidemias. La vida de seiscientas personas estaba en juego. «La opción A salva la vida a doscientas.» «La opción B consigue que todos se salven con una probabilidad de un tercio, y con una probabilidad de dos tercios que nadie se salve.» Aunque las dos opciones son equivalentes (el valor previsto se sitúa en doscientas personas salvadas), la mayoría de los encuestados eligió la opción A, por aquello de que más vale pájaro en mano que ciento volando. Cuando realmente se volvió interesante fue al formularse las mismas opciones simplemente de otro modo: «La opción A mata a cuatrocientas personas.» «La opción B consigue que nadie muera con una probabilidad de un tercio, y con una probabilidad de dos tercios que mueran todos.» Ahora solo una minoría de los encuestados eligió la opción A y la mayoría, B. Así pues, justo al contrario que en la primera encuesta. Según la representación lingüística —salvar *versus* morir—, los encuestados tomaron decisiones diferentes para el mismo asunto.

Otro ejemplo: los investigadores presentaron dos tipos de carne: «99 % sin grasa» y «con un 1% de grasa». Los encuestados calificaron la primera pieza de carne de más sana aunque los dos tipos de carne eran idénticos. Incluso al elegir entre «98% sin grasa» y «con un 1% de grasa», la mayoría de los encuestados se decidieron por la primera variedad, que contenía el doble de grasa.

La idealización es una variante especialmente usual del encuadre. Las cotizaciones a la baja de acciones reciben el nombre de «correcciones». Un precio de adquisición excesivo, el de «buena voluntad». En todos los cursos de gestión se aprende que un problema no es un «problema», sino una «oportunidad». Un directivo despedido es alguien que «reorienta» su vida. Un soldado caído —sin importar la mala suerte o la estupidez que le llevó a la muerte— es un «héroe de guerra». El genocidio es «limpieza étnica». El célebre y alegre aterrizaje de emergencia en el río Hudson en Nueva York se celebró como un «triunfo de la aviación». (¿Acaso el triunfo no habría sido justo lo contrario, no tener que aterrizar de emergencia?)

¿Ha mirado detenidamente alguna vez el folleto de un producto financiero, por ejemplo, un fondo cotizado en bolsa? En él se suele detallar el rendimiento de los últimos años. ¿De hace cuántos años? Tantos como puedan producir una hermosa curva ascendente. También eso es encuadre. Incluso el mismo trozo de pan enmarcado como cuerpo ya sea «simbólico» o «auténtico» de Cristo puede dividir una creencia religiosa, tal como pasó en el siglo XVI.

También obedecemos al encuadre cuando nuestra atención se desvía hacia uno o unos pocos aspectos de la vida. Por ejemplo, al comprar un coche de segunda mano nos concentramos en el número de kilómetros recorridos, pero no en el estado del motor, los frenos y el interior. Así, la decisión de compra podrá estar influida por el cuentakilómetros. Por supuesto, eso es natural porque no podemos observar todos los aspectos en su totalidad. Con una mujer diferente, quizás habríamos decidido de otro modo.

Los escritores aplican el encuadre bastante conscientemente. Una novela negra sería aburrida si el asesinato se describiera paso a paso tal como sucedieron las cosas. Eso no sería una novela negra, sino un libro de no ficción. Aunque al final se cuente toda la historia, solo gracias al encuadre será entretenida.

Conclusión: sea consciente de que no puede describir nada sin encuadrar, y que cada circunstancia —ya se lo oiga a un buen amigo o lo lea en un periódico serio— está sometida al encuadre. Incluso este capítulo.

EL SESGO DE ACCIÓN

Por qué es un suplicio esperar sin hacer nada

Los futbolistas que tienen que tirar un penalti chutan en un tercio de los casos al centro de la portería, en un tercio a la izquierda y en un tercio a la derecha. ¿Qué hacen los porteros? Se lanzan en plancha un 50 por ciento de las veces hacia la izquierda y un 50 por ciento a la derecha. En todo caso, muy pocas veces se quedan en el centro, y eso aunque un tercio de los balones entra por ahí. ¿Por qué? Porque parece mejor y menos vergonzoso tirarse al lado equivocado que quedarse quieto como un idiota y ver pasar el balón como un misil por la izquierda o la derecha. Ese es el «sesgo de acción» (*action bias*): estar activo aunque no sirva de nada.

El estudio del fútbol procede del investigador israelí Bar Eli, que analizó cientos de penaltis. Pero no solo los porteros caen en el sesgo de acción. Un grupo de jóvenes fuera de una discoteca se hablan a gritos y gesticulan como locos. La situación está cerca de degenerar en una auténtica pelea. Jóvenes policías acompañados de compañeros con más experiencia se mantienen en segundo plano, observan la situación desde la distancia y solo intervienen cuando hay los primeros heridos. Si no hay policías experimentados, la situación pinta diferente: los jóvenes guardianes del orden con exceso de celo se dejan vencer por el sesgo de acción, es decir, intervienen enseguida. Este estudio del

Reino Unido también muestra que cuando los policías esperan más tiempo hay menos heridos que en las situaciones en que los jóvenes policías intervienen pronto.

El sesgo de acción surte efecto sobre todo cuando una situación es nueva o poco clara. A muchos inversores les pasa como a los policías inexpertos delante de la discoteca: todavía no pueden valorar correctamente la actividad de la bolsa y caen en una especie de hiperactividad. Naturalmente, eso no cambia nada. Warren Buffett lo explica así: «Al invertir, no hay una correlación entre actividad y rendimiento.» Encontrará más citas apetitosas de Warren Buffett y Charlie Munger en el apéndice.

El sesgo de acción también aparece en los círculos más cultos. Un médico tiene un paciente con un cuadro clínico poco claro. Ante la disyuntiva de intervenir o no, es decir, de recetarle un medicamento o aguardar, tiende a elegir la variante activa. No lo hace por meras consideraciones económicas, simplemente es el sesgo de acción que le mueve a ello.

¿Por qué existe el sesgo de acción? En un entorno de cazadores-recolectores, para el que estamos preparados, la actividad cuenta más que la reflexión. En el pasado, reaccionar rápido era vital para sobrevivir. Reflexionar podía ser mortal. Cuando nuestros antepasados veían aparecer en el linde del bosque una silueta que parecía un tigre dientes de sable, no se sentaban en una piedra como el pensador de Rodin para realizar reflexiones taxonómicas. Se largaban, y lo antes posible. Todos somos descendientes de aquel que reacciona rápido, que opta por huir por piernas a menudo. Pero el mundo actual es diferente, la reflexión rigurosa compensa frente a la actividad. La adaptación nos cuesta mucho.

No recibirá honores, ni medallas, ni una estatua con su nombre cuando tome la decisión correcta gracias a esperar por el bien de la empresa, del estado o de la humanidad. Si ha demostrado resolución, ha actuado rápidamente y una situación ha mejorado (aunque sea por casualidad), entonces tiene posibilidades de que le honren en la plaza del pueblo o al menos de ser

el empleado del año. La sociedad prefiere una actuación irre-
flexiva que una espera sensata.

Conclusión: ante situaciones poco claras, experimentamos
el impulso de hacer algo, cualquier cosa, ayude o no. Después
nos sentimos mejor, aunque la situación no haya mejorado. Resumiendo, tendemos a actuar demasiado rápido con demasiada
frecuencia. Por eso, si la situación no es clara, no emprenda nada, nada en absoluto, hasta valorar mejor la situación. Contén-
gase. «Todas las desgracias de las personas consisten en que no
son capaces de quedarse quietas en una habitación», escribió
Blaise Pascal. En casa, en su despacho.

EL SESGO DE OMISIÓN

Por qué es usted el problema... o la solución

Dos escaladores. El primero cae en una grieta de glaciar. Usted podría salvarlo organizando un rescate, pero no lo hace y, por consiguiente, el accidentado muere. Al segundo lo empuja usted a la grieta del glaciar. También este muere al poco tiempo. ¿Qué acto pesa más? Desde un punto de vista racional, los dos actos son igual de reprobables. Tanto la omisión de socorro como el asesinato activo llevan a la muerte. No obstante, algo nos dice que la omisión es menos mala. Esa sensación se llama «sesgo de omisión» (*omission bias*). El sesgo de omisión entra en escena siempre que tanto una omisión como una acción puedan producir daños. Entonces se suele optar por la omisión, porque los daños que causa parecen subjetivamente inofensivos.

Suponga que es el jefe de la administración que autoriza medicamentos en su país. Tiene que decidir si dar el visto bueno a un medicamento para enfermos terminales. El medicamento acarrea graves efectos secundarios. Mata al 20 por ciento de pacientes en el acto, pero salva la vida del 80 por ciento en un breve plazo. ¿Cómo toma la decisión?

Si apuesta como la mayoría, no permitirá su utilización. Un medicamento que deja seco a uno de cada cinco le parece peor que el hecho de que el 80 por ciento que habría podido salvarse ahora no sea salvado. Una decisión absurda, pero coherente con el sesgo de omisión. Supongamos que es consciente del sesgo de omisión y decide, en nombre del sentido común y la moral, autorizar el medicamento. ¿Qué pasará cuando, como estaba previsto, muera el primer paciente por su culpa? Un grito de indignación se extenderá por los medios y usted se quedará sin trabajo, cuando no algo peor. Como funcionario o político, hace bien en tomarse en serio el sesgo de omisión en la gente... y cuidarse.

Lo fija que tenemos esa deformación moral en la cabeza lo demuestra la jurisprudencia. El suicidio asistido, aunque corresponda al deseo expreso del que va a morir, está penado por la ley en Alemania y Suiza, mientras que la renuncia voluntaria a medidas de soporte vital queda impune.

El sesgo de omisión explica por qué los padres a veces dudan de vacunar a sus hijos, aunque las vacunas reducen significativamente el riesgo de enfermedad. Desde un punto de vista objetivo, debería acusarse a estos padres por daño voluntario a los hijos si estos finalmente enfermaran. Pero aun así, la omisión dolosa la vemos menos mala que una activa actuación reprochable.

El sesgo de omisión explica por qué preferimos dejar que alguien se meta en la boca del lobo antes que infligirle daños directamente. A los inversores y los periodistas económicos les parece que no desarrollar nuevos productos es menos malo que desarrollar productos equivocados, aunque ambos casos conduzcan a la ruina de la empresa. Quedarse sentados sobre un manojo de acciones miserables que heredamos hace años nos parece menos malo que haber comprado las acciones equivocadas. No instalar un dispositivo depurador de gases de escape en una central térmica es menos malo que quitar el dispositivo depurador de gases de escape por sus costes. No aislar la casa es menos malo que quemar por diversión el gasóleo de calefacción que se habría podido ahorrar. No declarar ingresos es menos malo que falsificar formularios de impuestos, aunque el resultado sea el mismo.

En el capítulo anterior hemos analizado el sesgo de acción. ¿Es lo contrario que el sesgo de omisión? No del todo. El sesgo de acción se presenta cuando una situación es poco clara, contradictoria, opaca. Entonces tendemos a la diligencia, aunque no haya un motivo sensato para ello. En el caso del sesgo de omisión, la situación suele ser clara: se puede impedir un daño futuro actuando hoy, pero impedir un daño venidero no nos motiva con tanta fuerza como el sentido común exigiría.

El sesgo de omisión es muy difícil de reconocer, la renuncia a actuar es menos visible que la actuación. El movimiento de Mayo del 68, hay que reconocérselo, lo descubrió y lo combatió con un eslogan preciso: «Si no formas parte de la solución, eres parte del problema.»

EL SESGO DE AUTOSERVICIO

Por qué usted nunca tiene la culpa

¿Lee los informes comerciales, especialmente los comentarios de los directores ejecutivos? ¿No? Lástima, pues ahí florecen ejemplos de un error en el que todos hemos caído de un modo u otro. Este error de lógica funciona así: si la empresa ha superado un año excelente, el director ejecutivo lo fundamenta en decisiones brillantes, su esfuerzo incansable y la dinámica cultura empresarial que él impulsa. Si, por el contrario, la empresa ha atravesado un mal año, entonces la culpa es de un euro fuerte, del gobierno federal, de las pérfidas prácticas comerciales de los chinos, los aranceles indirectos de los estadounidenses, la opinión por lo general reservada de los consumidores. El éxito se atribuye a uno mismo, el fracaso a factores externos. Ese es el «sesgo de autoservicio» (*self-serving bias*).

Aunque todavía no conociera la expresión, conoce el sesgo de autoservicio desde que iba al colegio. Del sobresaliente era usted responsable, el brillante resultado reflejaba sus conocimientos y capacidades. En cambio, si sacaba un suspenso, entonces el examen había sido injusto. Hoy ya no se preocupa de las notas del colegio, pero quizá sí de la cotización bursátil. Si ha recogido beneficios, se glorifica. En caso de pérdidas, culpa al «estado de ánimo de la bolsa» (que siempre está ahí) o a su asesor de inversiones. También yo hago un uso abundante del sesgo de autoservicio: si mi nueva novela escala en la lista de libros más vendidos, me doy palmaditas en los hombros: ¡claro, mi mejor libro hasta ahora! Si se hunde en la marea de novedades, me parece igualmente lógico: los críticos son unos envidiosos y escriben reseñas venenosas, y los lectores no captan qué buena literatura escribo.

Los participantes en un test de personalidad fueron agrupados aleatoriamente en buenas o malas notas al final. A los que recibieron una buena nota por casualidad el test les pareció sólido y exigente. Quien por azar recibió una mala nota encontró que el test era confuso y desorientaba. ¿Por qué esa deformación? ¿Por qué interpretamos el éxito como un resultado propio y atribuimos el fracaso a los demás? Hay muchas teorías. La explicación más sencilla es porque uno se siente bien. Y porque los daños que nos causamos así normalmente se mantienen dentro de los límites de lo tolerable. Pero las cosas no serían así si este error de lógica no hubiera evolucionado a lo largo de los últimos cien mil años. Pero cuidado. En un mundo moderno con riesgos complejos el sesgo de autoservicio puede llevar rápidamente a la catástrofe. Un buen ejemplo es Richard Fuld, quien se designó a sí mismo «señor del universo», al menos hasta 2008. Fuld era el director ejecutivo de Lehman Brothers.

En Estados Unidos hay un examen estandarizado, el denominado SAT, que realizan todos los estudiantes que aspiran a una plaza en una universidad. El resultado se sitúa entre 200 y 800 puntos. Cuando un año después del examen se pregunta a los estudiantes por su resultado del SAT dan su resultado del examen con 50 puntos más de media. Interesante: no mienten descaradamente, no exageran sin medida, solo «retocan» el resultado un poco, hasta que ellos mismos se lo creen.

En el edificio donde vivo hay un piso que comparten cinco estudiantes. A veces me encuentro a alguno de ellos en el ascensor. Pregunté a cada uno de ellos por separado cada cuánto sacaba la basura del piso. Uno dijo: «Una de cada dos veces.» Otro: «Una de cada tres veces.» Otro, maldiciendo, pues me lo encontré precisamente con una bolsa de basura llena: «Joder, pues siempre, el noventa por ciento de las veces.» Aunque todas las respuestas debían dar un cien por cien al juntarlas, ¡sumaron un 320 por ciento! Los compañeros de piso sobrevaloraban sistemáticamente su rol, y en eso no son diferentes de todos nosotros. En un matrimonio ocurre lo mismo: está científicamente demostrado que tanto los hombres como las mujeres estiman que su contribución al funcionamiento de la pareja es superior al 50 por ciento.

¿Cómo resistirnos al sesgo de autoservicio? ¿Tiene amigos que le digan la verdad sin maquillar? Si es así, puede considerarse afortunado. Si no lo es, ¿tiene al menos un enemigo personal? Bien. Entonces, supérese a sí mismo e invítele a un café. Pídale que exponga abiertamente su opinión acerca de usted. Le estará agradecido eternamente.

LA ADAPTACIÓN HEDÓNICA

Por qué debería mantener su camino al trabajo

Supongamos que un día le suena el teléfono: le comunican que ha ganado diez millones en la lotería. ¿Cómo se sentirá y cuánto tiempo se sentirá así? Otro escenario: le suena el teléfono y le comunican que su mejor amigo ha muerto. ¿Cómo se sentirá y cuánto tiempo se sentirá así?

En un capítulo anterior analizamos la malísima calidad de los pronósticos —en el ámbito de la política, la economía y la sociedad— y constatamos que los expertos no se desempeñan mejor que un generador aleatorio. ¿Cuán buenos somos pronosticando nuestros propios sentimientos? ¿Ganar la lotería le hará muy feliz durante muchos años? Dan Gilbert, psicólogo de Harvard, ha investigado a ganadores de lotería y ha constatado que el efecto de felicidad se esfuma, de media, a los tres meses. Noventa días después de la gran transferencia bancaria, será tan feliz o infeliz como antes.

Un amigo, director de banco, y solo por ese hecho bendecido con un sueldo indecente, decidió trasladarse fuera de la ciudad y construirse una casa en los alrededores de Zúrich. De su sueño salió una villa de diez habitaciones, con piscina y unas vistas envidiables al lago y la montaña. Las primeras semanas se lo veía desbordante de felicidad, pero pronto ya solo satisfecho, y seis meses después era más infeliz que antes. ¿Qué había pasado? El efecto felicidad se había esfumado a los tres meses y la villa ya no era tan especial: «Llego a casa del trabajo, abro la puerta y ya no me doy cuenta de qué tipo de casa es. Mis sensaciones ya no se diferencian de aquellas que tenía de estudiante al entrar en mi apartamentito de una habitación.» Pero, a la vez, ahora el pobre tenía que afrontar un trayecto al trabajo de cincuenta minutos. Los estudios prueban que desplazarse en coche provoca la mayor parte de insatisfacciones y uno apenas se acostumbra. Quien no tenga una afinidad nata por el tráfico continuo lo sufrirá a diario. Como siempre, el efecto neto de la villa en la felicidad de mi amigo fue en todo caso negativo.

A otros no les va mejor. Gente que ha logrado un avance en su carrera, al cabo de unos tres meses vuelve a estar igual de feliz o infeliz que antes. Lo mismo les pasa a los que siempre necesitan tener el último Porsche. La ciencia lo conoce como «adaptación hedónica» (*hedonic treadmill*): trabajamos, ascendemos y nos permitimos más cosas y más bonitas, pero eso no nos hará más felices.

¿Qué sucede en el caso de suertes negativas, por ejemplo, una paraplejia o la muerte de un amigo? También aquí sobrevaloramos sistemáticamente la duración e intensidad de emociones futuras. Cuando un amor se hace añicos, el mundo se derrumba. Los atormentados están convencidos de que nunca más sentirán una pizca de felicidad, pero tras una media de tres meses vuelven a sonreír.

¿No sería bonito que supiéramos exactamente lo felices que nos hará un nuevo coche, un nuevo trabajo, una nueva relación? Entonces podríamos decidir con más claridad y ya no andaríamos a tientas. Sí, sería bonito, y en los inicios hasta posible. He aquí los pocos consejos garantizados científicamente: 1) Evite los efectos negativos a los que no se haya acostumbrado pasado un largo tiempo: tráfico, ruido, estrés crónico. 2) Espere solo un efecto a corto plazo de las cosas materiales: coches, casas, bonos, premios de lotería, medallas de oro. 3) Los efectos positivos duraderos tienen más que ver con a qué dedica su tiempo:

procúrese todo el tiempo libre y autonomía posibles; siga los dictados de su pasión, aunque pierda una parte de sus ingresos; invierta en amistades. En las mujeres los implantes de pecho tienen un efecto duradero de felicidad. En los hombres es el estatus profesional, aunque solo mientras no cambie de grupo de comparación; es decir, si asciende a director ejecutivo y entonces solo conversa con otros directores ejecutivos, el efecto se esfuma.

¡Siempre a mí!

EL SESGO DE AUTOSELECCIÓN

No se sorprenda de que usted exista

De viaje por la A5 de Basilea a Fráncfort llego a un atasco. «¿Por qué demonios siempre a mí?», maldigo y miro al sentido contrario, donde los coches se dirigen hacia el sur con envidiable velocidad. Mientras durante una hora iba cambiando de punto muerto a primera a paso de tortuga, y mi rodilla se cansaba de embragar, me pregunté si de verdad era un tío tan desgraciado. ¿Cómo es que casi siempre me pongo en la cola (banco, correos, tienda, carretera) que apenas avanza? ¿O es que sucumbo a una alucinación? Supongamos que, entre Basilea y Fráncfort, se produce un atasco el 10 por ciento del tiempo. La probabilidad de que un día concreto me quede atascado no es mayor que la probabilidad de que aparezca el atasco, o sea, del 10 por ciento. Pero la probabilidad de que en determinado momento de mi viaje esté realmente en un atasco es mayor que el 10 por ciento. El motivo: como en el atasco solo avanzo lentamente, paso mucho tiempo en el atasco. A eso se añade que, cuando el tráfico fluye sin interrupciones, no le dedico ni un pensamiento. Pero en el momento en que me quedo parado, soy muy consciente del atasco.

Lo mismo vale para las colas en los mostradores del banco o los semáforos en rojo: si en un trayecto entre A y B hay diez semáforos de los que de media uno está en rojo (10 por ciento) y nueve en verde, uno pasa más del 10 por ciento del tiempo total parado en el semáforo rojo. ¿Incomprensible? Entonces imagínese que viaja a la velocidad de la luz. En ese caso estaría el 99,99 por ciento del tiempo de viaje esperando y maldiciendo delante de un semáforo rojo.

Siempre que formamos parte de un muestreo tenemos que tener cuidado de no caer en el error de lógica conocido como «sesgo de autoselección» (*self-selection bias*). Mis conocidos de género masculino suelen quejarse de que en sus empresas haya tan pocas mujeres; mis conocidas de género femenino, de que en sus empresas trabajan muy pocos hombres. Eso no tiene nada que ver con la mala suerte. Los que se quejan forman parte del muestreo. La probabilidad de que un hombre trabaje en un sector con superávit de hombres es ahora mismo elevada. Lo mismo en el caso de las mujeres. A mayor escala, si vive en un país con un gran excedente de hombres o de mujeres (por ejemplo, China o Rusia), hay mayor probabilidad de que usted pertenezca al género excedente y que en consecuencia se moleste. En las elecciones lo más probable es que vote por el partido mayoritario y que su opinión se corresponda con la de la mayoría vencedora.

El sesgo de autoselección es omnipresente. Los responsables de marketing suelen tropezar con esa trampa. Por ejemplo, los responsables de un boletín electrónico envían un cuestionario a sus suscriptores con el objeto de averiguar cómo valoran el boletín. Lamentablemente, este cuestionario solo lo reciben los clientes suscritos al boletín y no se han dado de baja, así que básicamente son clientes satisfechos (los demás no participan en el muestreo). Resultado: la encuesta no tiene valor alguno.

Otro: no hace mucho tiempo un amigo comentó, lleno de patetismo, que raya en el milagro que él, ¡precisamente él!, en realidad exista. Una clásica víctima del sesgo de autoselección. Una observación semejante solo puede hacerla alguien que de hecho exista. Quien no exista no puede asombrarse de ello. Es más, exactamente la misma conclusión errónea hace cada año al menos una docena de filósofos que en sus libros se entretienen con que pueda existir algo tan genial como el lenguaje. De todas formas, simpatizo con su asombro, aunque no esté fundado. Si no existiera el lenguaje, los filósofos no podrían asombrarse en absoluto, no, y ni siquiera habría filósofos. El asombro de que haya lenguaje solo es posible en un entorno en que haya lenguaje.

Especialmente divertida fue una encuesta telefónica reciente. Una empresa quería averiguar cuántos teléfonos (fijos y móviles) hay de media en cada hogar. Cuando se analizó la encuesta se sorprendieron de que no hubiera ni un hogar que no poseyera teléfono alguno. ¡Magistral!

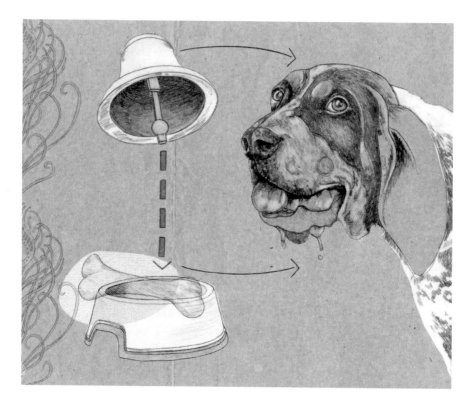

EL SESGO DE ASOCIACIÓN

Por qué a veces la experiencia atonta

Kevin había presentado tres veces los resultados de un informe comercial ante el consejo de administración. En todas las ocasiones fue perfecto. Y cada vez había llevado puestos los calzoncillos verdes moteados. «Está claro —pensaba él—, que son mis calzoncillos de la suerte.»

La vendedora de la joyería era tan guapa que Kevin no pudo evitar comprar el anillo de pedida de diez mil euros que ella le enseñó sin compromiso. Diez mil, eso estaba muy por encima de su presupuesto (sobre todo para un segundo matrimonio), pero inconscientemente Kevin relacionó el anillo con la belleza de la vendedora. Con ese anillo, se imaginó, su futura mujer tendría un aspecto igual de deslumbrante.

Cada año Kevin iba al médico para hacerse un chequeo. La mayoría de las veces, este le certificaba que para su edad (44) «seguía en buena forma». Hasta ahora, solo dos veces había abandonado la consulta con un diagnóstico chocante. Una vez fue el apéndice, que tuvo que operarse rápidamente. La otra, una tumefacción de la próstata que, en las siguientes visitas, se comprobó que por suerte no era cáncer, sino solo una inflamación. Naturalmente, Kevin estaba fuera de sí cuando abandonó la consulta esos dos días, y ambos días fueron especialmente calurosos. Desde entonces se siente indispuesto siempre que el sol pega. Si tiene una cita con el médico en un día de calor, la cancela. Nuestro cerebro es una máquina interconectada. Básicamente, eso es bueno. Comemos una fruta desconocida, nos sienta mal y en adelante evitamos la planta y tachamos sus frutos de venenosos o al menos de incomestibles. Así se forma el conocimiento.

Y también el falso conocimiento. El primero que estudió esto fue Ivan Pavlov. Al principio, el investigador ruso simplemente quería medir la salivación de los perros. El plan de investigación estaba diseñado de forma que sonaba una campana antes de que se entregara la comida al perro. Pronto solo hacía falta el sonido de la campana para que la producción de saliva del chucho se pusiera en marcha. Relacionaron dos cosas que funcionalmente no tenían nada que ver entre sí: el sonido de una campana y la producción de saliva.

El método de Pavlov funciona en los seres humanos igual de bien. La publicidad relaciona productos con emociones positivas. Por eso nunca verá Coca-Cola en relación con una cara triste o un cuerpo viejo. La gente Coca-Cola es joven, guapa y se lo pasa increíblemente bien.

El «sesgo de asociación» (*association bias*) merma la calidad de nuestras decisiones. Por ejemplo, tendemos a que no nos gusten los portadores de malas noticias. En inglés se conoce como síndrome *Shoot the Messenger* (matar al mensajero). Se asocia al mensajero con el contenido de la noticia. También los directores ejecutivos y los inversores tienen la tendencia (inconsciente) de evitar a los presuntos agoreros. Resultado: a la planta noble solo llegan buenas noticias y se produce una imagen distorsionada de la situación. Warren Buffett es muy consciente de eso: ha indicado a los directores ejecutivos de sus empresas que no le comuniquen las buenas noticias, solo las malas y sin rodeos.

En los tiempos previos al telemarketing y el correo electrónico, los comerciales iban de puerta en puerta ofreciendo sus productos. Un día el comercial George Foster pasó por una casa que estaba deshabitada —aunque él no lo sabía—. Una diminuta fuga de gas la había llenado de gas inflamable durante semanas. Desgraciadamente, el timbre estaba estropeado. Cuando Foster presionó el botón, saltó una chispa y la casa explotó. Foster fue trasladado al hospital. Por suerte, pronto pudo volver a levantarse, aunque el pánico que cogió a los botones de los timbres era tan fuerte que durante años no pudo volver a realizar su trabajo. Él sabía perfectamente lo improbable de que se repitiera un suceso semejante, pero su cabeza, por más voluntad que pusiera, no conseguía superar la (falsa) relación emocional.

Nadie ha dicho con más acierto que Mark Twain lo que se puede aprender de esto: «Debemos procurar extraer de una experiencia solo tanta sabiduría como la que contiene, no más, para no parecernos al gato que se sentó en un fogón caliente. Nunca más volvió a sentarse en un fogón caliente, eso es verdad, pero tampoco en uno frío.»

LA SUERTE DEL PRINCIPIANTE

Cuidado si al principio todo va bien

En el capítulo anterior hemos conocido el sesgo de asociación, la tendencia a relacionar sucesos que no tienen nada que ver entre sí. Solo porque Kevin haya logrado una presentación brillante ante el consejo de administración tres veces seguidas y en todas las ocasiones llevara unos calzoncillos verdes moteados, no tiene sentido creer en calzoncillos de la suerte.

Ahora veremos un caso especial y muy delicado de sesgo de asociación: la (falsa) relación con los primeros éxitos. Los jugadores de casino lo conocen, lo llaman suerte del principiante. El que pierde en las primeras rondas de un juego tiende a retirarse. El que se forra tiende a seguir. Convencido de poseer habilidades superiores a la media, el suertudo eleva la apuesta... y después va de cabeza a la mala suerte, porque entonces es cuando las probabilidades se «normalizan».

La suerte del principiante desempeña un papel significativo en la economía. La empresa A compra las empresas más pequeñas B, C y D. Las adquisiciones dan buenos resultados cada vez. Eso refuerza a sus directivos en la convicción de tener una mano excelente para la compra de empresas pequeñas. Alentada, la empresa A compra ahora la empresa E. La integración resulta un desastre. Con un enfoque realista se habría podido prever, pero se dejaron deslumbrar por la suerte del principiante.

Lo mismo sucede en la bolsa. Empujados por éxitos iniciales, a finales de los noventa muchos inversores pusieron todos sus ahorros en acciones de internet. Algunos incluso pidieron créditos. Pasaron por alto un pequeño detalle: que sus ganancias, de momento sorprendentes, no tenían nada que ver con la habilidad para escoger acciones. Simplemente el mercado estaba al alza. Había que cometer estupideces gruesas para no ganar dinero en aquella época. Cuando las cotizaciones cayeron después, muchos se quedaron endeudados.

La misma dinámica se observó durante el *boom* inmobiliario norteamericano entre 2001 y 2007. Dentistas, abogados, profesores y taxistas dejaron sus trabajos para «flipar» con las casas: comprarlas y revenderlas a un precio mayor. Las primeras ganancias sustanciosas les dieron la razón, pero desde luego no guardaban relación con ninguna habilidad especial. La burbuja inmobiliaria llevó a cada torpe agente inmobiliario aficionado a alturas insospechadas. Muchos se endeudaron para «flipar» cada vez con más casas cada vez más grandes. Cuando el mercado finalmente se vino abajo, se quedaron sentados sobre las ruinas.

La suerte del principiante también se da en la historia universal. No creo que Napoleón o Hitler se hubieran atrevido a invadir Rusia sin las victorias previas.

¿A partir de qué momento ya no es suerte del principiante, sino talento? No hay fronteras claras, pero sí dos buenos indicios. Primero: si durante un largo tiempo usted está claramente mejor que los demás, puede deducir que al menos el talento juega un papel. Aunque nunca podrá estar del todo seguro. Segundo: cuanta más gente participe, mayor será la probabilidad de que alguien tenga suerte durante mucho tiempo por pura suerte. Quizá sea usted ese alguien. En caso de establecerse como líder en un mercado con solo diez competidores, ese es un indicio seguro de talento. Menos orgulloso debería estar de un éxito en un mercado con diez millones de competidores (por ejemplo, el mercado financiero). En ese caso, deduzca que simplemente tuvo mucha suerte.

De uno u otro modo: mantenga su valoración a la espera. La suerte del principiante puede ser desastrosa. Para prevenir los autoengaños, proceda como un científico: ponga a prueba sus suposiciones. Intente refutarlas. Cuando yo tenía mi primera novela terminada en el cajón, se la envié a una única editorial: Diogenes, que la aceptó de inmediato. Durante un buen rato me sentí como un genio, un bombazo literario. (Las opciones de que un manuscrito no solicitado se publique en Diogenes son de 1 entre 15.000.) Después de haber firmado el contrato de edición, envié el manuscrito (para probar) a otras diez grandes editoriales. De las diez obtuve negativas. Mi «teoría del genio» fue refutada, lo que me devolvió los pies al suelo.

LA DISONANCIA COGNITIVA

Cómo pone en orden sus sentimientos con pequeñas mentiras

El zorro avanzó a hurtadillas hacia la vid. Su mirada se detuvo anhelante ante las gruesas uvas maduras. Se apoyó en el tronco con las patas delanteras, estiró el cuello hacia arriba, y quiso atrapar un par de racimos, pero estaban demasiado altos. Enfadado, probó suerte de nuevo. Esta vez dio un gran salto, pero solo atrapó el vacío. Por segunda vez saltó con todas sus fuerzas, tan alto que cayó de espaldas. No se había movido ni una hoja. El zorro miró con desprecio y se dijo: «Todavía no están suficientemente maduras, no me gustan las uvas ácidas.» Con la cabeza alta, regresó majestuosamente al bosque. La fábula del poeta griego Esopo ilustra uno de los errores de lógica más frecuentes. Lo que el zorro se ha propuesto en realidad y lo que ha resultado no coinciden. El zorro puede reducir esta molesta contradicción (disonancia) de tres maneras: a) consiguiendo las uvas de otro modo, b) reconociendo que sus habilidades no bastan, c) dándoles la vuelta a sus intenciones con posterioridad. En el último caso se habla de disonancia cognitiva, o de su disolución.

Un ejemplo sencillo. Se ha comprado un coche nuevo pero se arrepiente de su elección: el motor es ruidoso, y los asientos, incómodos. ¿Qué hacer? Devolver el coche no —sería reconocer que ha cometido un error y seguramente el vendedor solo lo aceptaría con un buen descuento—. Así pues, se mete en la cabeza que un motor ruidoso y un asiento incómodo son apropiados para evitar dormirse al volante, que se ha comprado un coche muy seguro. No es ninguna tontería, piensa, y vuelve a estar satisfecho de su elección.

Leon Festinger y Merrill Carlsmith, de la Universidad de Stanford, encargaron a sus alumnos un trabajo aburridísimo durante una hora. Después, dividieron aleatoriamente a los sujetos del ensayo en dos grupos. A cada estudiante del grupo A le dieron un dólar (corría el año 1959) y le pidieron que hablara con entusiasmo del, en realidad, penoso trabajo con alguno de los compañeros que esperaban fuera, es decir, que mintiera. Lo mismo hicieron con los estudiantes del grupo B, con la única diferencia de que recibieron veinte dólares por la pequeña mentira. Después, los estudiantes debían indicar lo agradable que les había parecido el trabajo. Los que solo habían recibido un dólar encontraron el trabajo más agradable e interesante que quienes fueron compensados con veinte. ¿Por qué? Mentir por un mísero dólar no tenía sentido, así que el trabajo no podía ser tan malo en realidad. Aquellos que recibieron veinte dólares no tenían que cambiar su interpretación. Habían mentido a cambio de veinte dólares, un trato justo. No sintieron ninguna disonancia cognitiva.

Supongamos que ha solicitado un puesto de trabajo, pero han preferido a otro candidato en su lugar. En vez de sentirse responsable de no estar suficientemente cualificado, se convence de que en realidad usted no quería tener ese trabajo. Solo quería volver a probar su «valor de mercado», ver si por lo menos lo convocaban a una entrevista de trabajo.

De forma muy parecida reaccioné yo cuando hace algún tiempo tuve que elegir entre dos acciones. La que compré perdió sustancialmente su valor poco después, mientras que la otra subió con fuerza. Demasiado tonto, pero no podía hacerme responsable del error. Al contrario, intenté hacer creer a un amigo totalmente en serio de que las acciones se estaban debilitando un poco, pero que tenían «más potencial» que las otras. Un autoengaño de una insensatez extrema solo explicable por la disonancia cognitiva. En realidad, el «potencial» habría sido mayor si hubiera esperado a comprar y me hubiera entretenido hasta entonces con las acciones que sí daban un buen rendimiento. Fue ese amigo el que me contó la fábula de Esopo. «Todavía no puedes hacerte el zorro inteligente, no te has comido las uvas.»

EL DESCUENTO HIPERBÓLICO

Carpe diem... pero, por favor, solo en domingo

Es sobradamente conocido el dicho «Disfruta cada día como si fuera el último». Aparece al menos tres veces en cada revista de estilo de vida, y forma parte del repertorio habitual de cualquier consejero de vida. Pero seguirlo no le hace a uno más listo. Imagínese que desde hoy no se lavara los dientes ni el pelo, no limpiara más el piso, dejara su trabajo y no pagara más facturas... En poco tiempo sería pobre, estaría enfermo y quizás incluso en la cárcel. Y aun así la frase expresa una nostalgia profunda, la nostalgia de la inmediatez. De todas las máximas latinas que han sobrevivido hasta ahora, *carpe diem* es seguramente la preferida: disfruta el día a tope y no te preocupes del mañana. La inmediatez nos resulta muy valiosa. ¿Cuánto? Más de lo que se puede comprender racionalmente.

¿Preferiría recibir mil euros dentro de un año o mil cien dentro de un año y un mes? Si piensa como la mayoría de la gente, se decidirá por los mil cien euros dentro de trece meses. Eso tiene sentido, pues un interés del 10 por ciento mensual (o del 120 por ciento anual) no lo encontrará en ningún sitio. Ese interés compensa con mucho los riesgos que corre por esperar un mes.

Segunda pregunta: ¿preferiría recibir mil euros hoy o mil cien en un mes? Si piensa como la mayoría de la gente, se decidirá por los mil euros hoy. Una elección sorprendente. En ambos casos debe aguantar un mes para recibir cien euros más. En el primer caso usted se dice: si ya he esperado un año, puedo esperar un mes más. En el segundo caso, no. Así pues, tomamos decisiones incoherentes en función del horizonte temporal. La ciencia denomina ese fenómeno «descuento hiperbólico» (*hyperbolic discounting*). Esto quiere decir que nuestra «tasa de interés emocional» crece cuanto más cercana al presente está una decisión.

A los economistas les cuesta entender que contamos con tipos de interés diferentes subjetivamente. Sus modelos se basan en tipos de interés constantes y, por tanto, no sirven.

El descuento hiperbólico, es decir, el hecho de que estemos hechizados por la inmediatez es un vestigio de nuestro pasado animal. Los animales no están preparados para prescindir hoy de una recompensa para tener una mayor en el futuro. Se puede entrenar a las ratas todo lo que se quiera que nunca renunciarán a un pedazo de queso a cambio de recibir mañana dos pedazos. (¿Dice usted que las ardillas entierran nueces? Puro instinto. Se ha comprobado que no tiene nada que ver con el control de los impulsos.)

¿Qué pasa con los niños? Walter Mischel realizó en la década de 1960 una conocida prueba en relación con el tema del aplazamiento de la gratificación. En YouTube se puede encontrar un vídeo maravilloso con la etiqueta «*Marshmallow test*». En él, a unos niños de cuatro años se les colocó delante una golosina y se les puso en la tesitura de elegir entre comérsela de inmediato o recibir otra si esperaban unos minutos sin comérsela. Asombroso: solo una minoría de niños pudo esperar. Y aún más asombroso: Mischel descubrió que la capacidad de aplazar la gratificación era un indicador fiable de un futuro éxito profesional.

Cuanto más mayores somos y de más autocontrol disponemos, con más facilidad conseguimos aplazar las gratificaciones. En vez de doce meses, preferimos esperar trece para cobrar cien euros más. Aunque si podemos obtener una gratificación hoy, el incentivo debe ser muy grande para que estemos dispuestos a aplazarlo. El mejor ejemplo de esto son los intereses de usura por las deudas de las tarjetas de crédito y otros créditos de consumo a corto plazo.

Conclusión: la gratificación inmediata es tremendamente tentadora, y sin embargo, el descuento hiperbólico es un error de lógica. Cuanto más poder ganamos sobre nuestros impulsos, mejor conseguimos evitar este error. Cuanto menos poder tenemos sobre nuestros impulsos —por ejemplo, bajo la influencia del alcohol—, más dependemos de ese poder. *Carpe diem* es una buena idea... una vez a la semana. Pero disfrutar cada día como si fuera el último es una estupidez.

Epílogo

En la comunidad, es fácil vivir según ideas
ajenas. En la soledad, es fácil vivir según las
ideas propias. Pero solo es notable el que, en la
comunidad, conserva la independencia.

RALPH WALDO EMERSON

Hay una teoría «caliente» y una «fría» de la irracionalidad.
La teoría caliente es viejísima. En Platón se encuentra esta imagen: el jinete dirige el caballo que galopa como loco. El jinete
está a favor de la razón, el caballo al galope está a favor de las
emociones. La razón amansa a los sentimientos. Si no se logra,
la insensatez se abre paso. Otra imagen: los sentimientos son la
masa de lava borboteante. La mayoría de las veces la razón puede mantenerlos tapados, pero de vez en cuando la lava de la irracionalidad se abre paso. Por eso se asocia irracionalidad con
«caliente». En realidad, con la razón todo está en orden, no tiene fallos, solo que las emociones suelen ser más fuertes.

Durante siglos borboteó esta teoría caliente de la irracionalidad. En Calvino los sentimientos son lo malo, y solo la concentración en Dios puede contenerlos. La gente de la que sale la

lava de las emociones pertenece al demonio. Por tanto será tor-
turada y aniquilada. En Freud, los sentimientos (el Ello) son
controlados por el Yo y el Superyó. Pero rara vez se consigue
eso. En toda obligación, en toda disciplina, creer que podemos
controlar nuestras emociones completamente mediante el pensamiento es ilusorio; tan ilusorio como el intento de dirigir el
crecimiento del pelo con el pensamiento.

Por el contrario, la teoría «fría» de la irracionalidad todavía
es joven. Tras la guerra, muchos se han preguntado cómo se
puede explicar la irracionalidad de los nazis. Los arrebatos de
sentimientos se daban poco en los rangos superiores del régimen de Hitler. Incluso sus propios discursos apasionados no
eran más que magistrales piezas teatrales. Ninguna erupción de
lava rondaba por allí, sino que fueron decisiones frías las que
condujeron a la locura nacionalsocialista, y algo similar puede
decirse de Stalin o los jemeres rojos. ¿Racionalidad infalible?
Evidentemente, no; algo debe de estar podrido. En los años sesenta los psicólogos empezaron a ordenar las insensatas afirmaciones de Freud e investigar científicamente nuestro pensamiento, nuestras decisiones y actos. El resultado: una teoría
«fría» de la irracionalidad que dice que el pensamiento per se no
es puro, sino propenso a errores. Y eso en todas las personas.
Incluso los superdotados caen una y otra vez en las mismas
trampas de la lógica. Y los errores no están distribuidos aleatoriamente. En función del error de lógica, nos equivocamos sistemáticamente en una dirección bastante concreta. Eso hace que
nuestros errores sean pronosticables y, por eso, en cierta medida corregibles. En cierta medida, no completamente.

Durante siglos, los orígenes de esos errores de lógica perma-
necieron en la oscuridad. Todo lo demás nos funcionaba en
gran parte sin fallos: el corazón, los músculos, la respiración, el
sistema inmunológico. ¿Por qué precisamente el cerebro tiene
que cometer un lapsus tras otro?

Pensar es un fenómeno biológico. La evolución le dio forma igual que al cuerpo de los animales o a los colores de las flores. Supongamos que podemos retroceder cincuenta mil años, agarrar a un antepasado, traerlo secuestrado al presente, llevarlo a la peluquería y por último ponerle ropa de Hugo Boss: en la calle no llamaría la atención. Naturalmente tendría que aprender el idioma, a conducir, a usar el microondas, pero también tuvimos que hacerlo nosotros. La biología ha disipado cualquier duda: físicamente —y eso incluye el cerebro— somos cazadores y recolectores vestidos de Hugo Boss (o de H&M, según).

Lo que sí ha cambiado notablemente desde entonces es el entorno en que vivimos. En la antigüedad era fácil y estable. Vivíamos en pequeños grupos de unas cincuenta personas. No había ningún avance técnico o social digno de mención. Tan solo en los últimos diez mil años empezó el mundo a cambiar drásticamente: surgieron la agricultura, la ganadería, las ciudades y el comercio mundial, y desde la industrialización apenas recuerda al entorno para el que nuestro cerebro está preparado. Hoy en día, quien deambula una hora por un centro comercial ve a más gente que nuestros antepasados en toda su vida. Hoy en día, nos reímos de quien quiera saber qué aspecto tendrá el mundo dentro de diez años. En los últimos diez mil años hemos creado un mundo que ya no entendemos. Hemos hecho todo más sofisticado, pero también más complejo e interdependiente. El resultado: un sorprendente bienestar material, pero desgraciadamente también enfermedades de la civilización y errores de lógica. Si la complejidad sigue creciendo —y al parecer lo hará—, esos errores de lógica serán más frecuentes y graves.

Por ejemplo, en un entorno de cazadores-recolectores la actividad pesaba más que la reflexión. Reaccionar rápidamente era vital, las largas cavilaciones eran perjudiciales. Si los compañeros cazadores-recolectores salían corriendo de repente, había que correr detrás de ellos ya fuera que realmente hubieran visto un tigre dientes de sable o solo un jabalí. Un error de primer orden (que fuera un animal peligroso y no alejarse corriendo) se

222   EL ARTE DE PENSAR

pagaba con la muerte, mientras que un error de segundo orden (que no fuera un animal peligroso, pero alejarse corriendo) solo costaba unas calorías. Merecía la pena equivocarse en una dirección bastante concreta. Quien se comportara de otro modo, desaparecía del acervo genético. Los *homo sapiens* de hoy somos los descendientes de aquellos que tendían a salir corriendo. Solo que ese comportamiento intuitivo es perjudicial en el mundo moderno. El mundo actual premia una reflexión rigurosa y una actuación independiente. Quien haya estado alguna vez en la bolsa lo sabe.

La psicología evolutiva todavía es en gran medida una teoría, pero muy convincente. Explica la mayoría de errores de lógica, si no todos. Veamos la siguiente afirmación: «Cada tableta de chocolate Milka tiene una vaca. Así pues, cada tableta de chocolate que tenga una vaca es una tableta de chocolate Milka.» Este error lo comete incluso la gente inteligente de vez en cuando. Pero también los indígenas sin apenas contacto con la civilización caen en él. Y no hay razón para pensar que no lo cometieran ya nuestros antepasados cazadores-recolectores. Algunos errores están claramente programados con independencia de la «mutación» de nuestro entorno.

¿Cómo se explica eso? Muy fácil: la evolución nos «optimiza» en el sentido estricto. En tanto que seamos mejores que nuestra competencia (por ejemplo, los neandertales), nos perdona los errores. Desde hace millones de años, el cuco pone sus huevos en los nidos de pájaros más pequeños, y estos los incuban, y sí, también alimentan a los polluelos de cuco. Un error de conducta que la evolución de estos pájaros aún no ha corregido porque no es suficientemente grave.

Una segunda explicación paralela de por qué nuestros errores de lógica son tan persistentes se concretó a finales de los noventa: nuestros cerebros están diseñados para la reproducción y no para el esclarecimiento de la verdad. En otras palabras: necesitamos nuestra lógica primaria para convencer a los demás. Quien convence a otros se asegura el poder y, así, el acceso a más recursos, lo que significa una ventaja decisiva en el apareamiento y la cría de la descendencia. Que al pensar no se trate en primer lugar de la verdad lo demuestra el mercado editorial. Las novelas se venden mucho mejor que los libros de no ficción, pese al contenido infinitamente mayor de verdad de los últimos.

Por último, una tercera explicación afirma que las decisiones intuitivas, aunque no sean del todo racionales, son mejores en determinadas circunstancias. A eso se dedica la denominada investigación heurística. Para muchas decisiones falta la información necesaria, así que estamos obligados a utilizar atajos mentales y reglas de oro (heurística). Si, por ejemplo, se siente atraído por varias mujeres (u hombres): ¿con quién debe casarse? Eso no es racional: confíe solo en la lógica, siga eternamente soltero. Resumiendo, a menudo decidimos intuitivamente y justificamos nuestra elección con posterioridad. Muchas decisiones (trabajo, pareja sentimental, inversiones) se toman inconscientemente. Fracciones de segundo después, construimos una justificación que nos da la sensación de haber decidido conscientemente. Nuestro pensamiento es más comparable a un abogado que a un científico, para el que solo cuenta la pura verdad. Los abogados son buenos en construir la mejor fundamentación posible para un final buscado.

Por tanto, olvídese de los «hemisferios cerebrales derecho e izquierdo», tal como se describen en cualquier libro de gestión medianamente inteligente. Mucho más importante es la diferencia entre pensamiento intuitivo y pensamiento racional. Ambos tienen su ámbito de aplicación legítimo. El intuitivo es rápido, espontáneo y ahorra energías. El racional es lento, exigente y consume muchas calorías (en forma de glucosa en sangre).

Naturalmente, lo racional puede convertirse en intuitivo. Si ensaya con un instrumento, aprenderá nota a nota cómo ordenar a cada dedo lo que tiene que hacer. Con el tiempo, dominará el teclado o las cuerdas intuitivamente: verá una partitura y las manos la tocarán por sí mismas. Warren Buffett lee un balance como un músico profesional lee una partitura. Eso es lo que denomina «círculo de competencia»: comprensión intuitiva o también maestría. Por desgracia, la intuición también aparece en aquellas cosas que aún no dominamos, y eso antes de que el minucioso sentido común pueda intervenir para corregirlo. Y entonces se producen los errores de lógica.

Como la teoría «fría» de la irracionalidad es tan joven, para los errores de lógica se suele utilizar más el término en inglés. Por eso lo he incluido entre paréntesis.

Tres observaciones para terminar. En primer lugar, la lista de errores de lógica presentada en este libro no es completa.

En segundo lugar, no se trata de alteraciones psicológicas. A pesar de estos errores de lógica, podemos mantener el día a día sin problemas. Un director ejecutivo que pierde mil millones por un error de lógica no corre el riesgo de que lo ingresen en una clínica. No existe ningún sistema sanitario ni medicamento alguno que puedan librarle de ese error.

En tercer lugar, la mayoría de errores de lógica están relacionados. Esto no debería sorprender, pues en el cerebro todo está relacionado. Las proyecciones neuronales van de región cerebral en región cerebral. Ninguna región cerebral es independiente.

Desde que empecé a recopilar errores de lógica, me suelen preguntar: «Señor Dobelli, ¿cómo consigue vivir sin errores de lógica?» Respuesta: No lo consigo. Para ser exactos, ni siquiera lo intento. Evitar los errores de lógica está relacionado con el esfuerzo. Yo me he impuesto la siguiente regla: en las situaciones cuyas posibles consecuencias son grandes (decisiones importantes privadas o de trabajo), intento optar de la forma más sensata y racional posible. Saco mi lista de errores de lógica y la repaso, un error tras otro, como un piloto con la lista de control. He trazado para mí un manejable esquema de decisiones y una lista de control con los que puedo examinar las decisiones importantes detenidamente. En situaciones cuyas consecuencias no son graves (por ejemplo, ¿BMW o Volkswagen?), prescindo de la optimización racional y me dejo llevar por la intuición. Pensar con claridad es costoso. Por eso, si los posibles daños son irrelevantes, no se queme las neuronas y permítase errores. Vivirá mejor así. La naturaleza no parece preocuparse mucho de si nuestras decisiones son perfectas o no mientras podamos maniobrar por la vida con seguridad... y mientras estemos alertas al momento de la verdad.

Bibliografía

Para casi cada error de lógica hay cientos de estudios. Aquí me he limitado a las citas, referencias técnicas, recomendaciones bibliográficas y comentarios más importantes.

El sesgo de supervivencia

Hans-Hermann Dubben y Hans-Peter Beck-Bornholdt, *Der Hund, der Eier legt. Erkennen von Fehlinformation durch Querdenken*, rororo, 2006, p. 238.

Sobre el sesgo de supervivencia en los fondos e índices financieros, véase: Edwin J. Elton, Martin J. Gruber y Christopher R. Blake, «Survivorship Bias and Mutual Fund Performance», *The Review of Financial Studies*, 9 (4), 1996.

Sobre los resultados estadísticamente relevantes por casualidad (autoselección), véase: John P. A. Ioannidis, «Why Most Published Research Findings Are False», *PLoS Med*, 2 (8), e124, 2005.

La ilusión del cuerpo de nadador

Nassim Nicholas Taleb, *The Black Swan*, Random House, 2007, p. 109 y ss. [*El cisne negro. El impacto de lo altamente improbable*, trad. Roc Filella Escolà, Paidós, 2008.]

Sobre la reflexión acerca de Harvard: Thomas Sowell, *Economic Facts and Fallacies*, Basic Books, 2008, p. 105 y ss.

El efecto del exceso de confianza

Gerry Pallier *et al.*, «The role of individual differences in the accuracy of confidence judgments», *The Journal of General Psychology*, 129 (3), 2002, p. 257 y ss.

Marc Alpert y Howard Raiffa, «A progress report on the training of probability assessors», en: Daniel Kahneman, Paul Slovic y Amos Tversky, *Judgment under uncertainty: Heuristics and biases*, Cambridge University Press, 1982, pp. 294-305.

Ulrich Hoffrage, «Overconfidence», en: Rüdiger Pohl, *Cognitive Illusions: a handbook on fallacies and biases in thinking, judgement and memory*, Psychology Press, 2004.

Thomas Gilovich, Dale Griffin y Daniel Kahneman (eds.), *Heuristics and biases: The psychology of intuitive judgment*, Cambridge University Press, 2002.

R. P. Vallone *et al.*, «Overconfident predictions of future actions and outcomes by self and others», *Journal of Personality and Social Psychology*, 58, 1990, pp. 582-592. Véase también: Roy F. Baumeister, *The Cultural Animal: Human Nature, Meaning, and Social Life*, Oxford University Press, 2005, p. 242.

Acerca de por qué el exceso de confianza en los hombres era importante para la evolución, véase la interesante hipótesis en: Roy F. Baumeister, *Is there Anything Good About Men? How Cultures Flourish by Exploiting Men*, Oxford University Press, 2001, p. 211 y ss.

Debate acerca del exceso de confianza, sobre todo la hipótesis de que una imagen propia inflacionaria no es conveniente para la salud de uno mismo, en: Scott Plous, *The Psychology of Judgment and Decision Making*, McGraw-Hill, 1993, p. 217 y ss. y p. 253.

La prueba social

Robert B. Cialdini, *Influence: The Psychology of Persuasion*, HarperCollins, 1998, p. 114 y ss.

S. E. Asch, «Effects of group pressure upon the modification and distortion of judgment», en: H. Guetzkow (ed.), *Groups, leadership and men*, Carnegie Press, 1951.

Sobre la risa artificial, véase: Michael J. Platow *et al.* (2005), «It's not funny if they're laughing: Self-categorization, social influence, and responses to canned laughter», *Journal of Experimental Social Psychology*, 41 (5), 2005, pp. 542-550.

La falacia del coste irrecuperable

Sobre el Concorde, véase: P. J. Weatherhead, «Do Savannah Sparrows Commit the Concorde Fallacy?», *Behavioral Ecology and Sociobiology* 5, 1979, pp. 373-381.

H. R. Arkes y P. Ayton, «The Sunk Cost and Concorde effects: are humans less rational than lower animals?», *Psychological Bulletin* 125, 1999, pp. 591-600.

La reciprocidad

Robert B. Cialdini, *Influence: The Psychology of Persuasion*, HarperCollins, 1998, p. 17 y ss.

Sobre la reciprocidad como cooperación biológica, véase cualquier libro básico de biología desde 1990.

Teoría original de Robert Trivers: R. L. Trivers (1971), «The Evolution of Reciprocal Altruism». *The Quarterly Review of Biology*, 46 (1): 35-57.

Sobre la causa psicoevolutiva de la reciprocidad, véase: David M. Buss, *Evolutionary Psychology. The New Science of the Mind*, Pearson, 1999. Véase también: Roy F. Baumeister, *The Cultural Animal: Human Nature, Meaning, and Social Life*, Oxford University Press, 2005.

El sesgo de confirmación (primera parte)

«Lo que Keynes estaba denunciando es que la mente humana funciona en gran medida como el óvulo. Cuando un espermatozoide entra en un óvulo, hay un dispositivo de cierre automático que impide entrar a cualquier otro espermatozoide. La mente humana tiende bastante al mismo tipo de resultado. Y por eso la gente tiende a acumular grandes fondos mentales de conclusiones y actitudes fijas que no suelen reexaminarse o cambiarse, aunque haya abundantes pruebas de que son erróneas.» (Charles T. Munger, *Poor Charlie's Almanack*, Donning, 2008, p. 461 y ss.)

Nassim Nicholas Taleb, *The Black Swan*, Random House, 2007, p. 58. [*El cisne negro. El impacto de lo altamente improbable*, trad. Roc Filella Escolà, Paidós, 2008.]

«Las nuevas informaciones alteran la imagen. Cuando por fin se ha tomado una decisión, uno está contento de haberse salvado de toda la incertidumbre y vacilación de la fase previa a la decisión.» (Dietrich Dörner, *Die Logik des Misslingens. Strategisches Denken in komplexen Situationen*, Rowohlt, 2003, p. 147.)

Sobre el experimento con la serie de números, véase: Peter C. Wason, «On the failure to eliminate hypotheses in a conceptual task», *Quarterly Journal of Experimental Psychology* 12 (3), 1960, pp. 129-140.

«En la disyuntiva entre cambiar la forma de pensar y probar que no es necesario hacerlo, casi todos corren a por la prueba.» (John Kenneth Galbraith)

El sesgo de confirmación (segunda parte)

Sobre la estereotipación como un caso especial de sesgo de confirmación, véase: Roy F. Baumeister, *The Cultural Animal: Human Nature, Meaning, and Social Life*, Oxford University Press, 2005, p. 198 y ss.

El sesgo de autoridad

Como iatrogenia se señalan cuadros clínicos y daños provocados por actuaciones médicas. Por ejemplo, las sangrías.
Robert B. Cialdini, *Influence: The Psychology of Persuasion*, HarperCollins, 1998, p. 208 y ss.
Sobre el historial de los médicos antes de 1900, véase: Noga Arkiha, *Passions and Tempers: A History of the Humours*, Harper Perennial, 2008.
Tras la crisis financiera de 2008 ha habido dos sucesos inesperados más a escala mundial (cisnes negros): las sublevaciones en los países árabes (2011) y la catástrofe del tsunami y el reactor nuclear en Japón (2011). Ni una de las 100.000 autoridades de seguridad y política estimadas en todo el mundo previó estos acontecimientos. Motivo suficiente para desconfiar de las autoridades, sobre todo cuando se trata de «expertos» del ámbito social (tendencias, política, economía). Ellos no son tontos. Simplemente tienen la mala suerte de haber elegido una carrera en la que no pueden ganar. Les quedan dos alternativas: a) decir: «No lo sé» (no es la mejor opción si hay que alimentar a una familia), o b) la fanfarronería.
Stanley Milgram, *Obedience to Authority - An Experimen-*

tal View, HarperCollins, 1974. También hay un DVD titulado *Obedience*, 1969.

El efecto contraste

Robert B. Cialdini, *Influence: The Psychology of Persuasion*, HarperCollins, 1998, pp. 11-16.

Charlie Munger también menciona el efecto contraste en «Contrast Misreaction Tendency». Véase: Charles T. Munger, *Poor Charlie's Almanack*, Donning, 2008, p. 448 y p. 483.

Dan Ariely menciona el efecto «problema de relatividad». Véase: Dan Ariely, *Predictably Irrational, Revised and Expanded Edition: The Hidden Forces That Shape Our Decisions*, Harper Perennial, 2010, cap. 1. [*Las trampas del deseo. Cómo controlar los impulsos irracionales que nos llevan al error*, trad. Francisco J. Ramos Mena, Ariel, 2008.]

El ejemplo original, en el que en cada caso en función del contraste se asume un gran camino, procede de Kahneman y Tversky. Siehe: Daniel Kahneman y Amos Tversky, «Prospect Theory: An Analysis of Decision under Risk», *Econometrica* 47 (2), marzo 1979.

El sesgo de disponibilidad

«Se ve una y otra vez: esa gente tiene información que puede contar bien y tiene otra información mucho más difícil de contar. Así que toman la decisión solo en función de lo que pueden contar bien. Y obvian información mucho más importante porque su calidad en términos aritméticos es menor, aunque es muy importante en términos de llegar al resultado cognitivo correcto. Nosotros [en Berkshire] preferimos estar aproximadamente acertados que precisamente equivocados. En otras palabras, si algo es terriblemente importante, lo adivinaremos en vez de basar nuestra opinión solo en lo que resulta que se puede contar fácilmente». (Charles T. Munger, *Poor Charlie's Almanack*, Donning, 2008, p. 486.)

El sesgo de disponibilidad también es el motivo por el cual las empresas limitan la gestión del riesgo sobre todo a los riesgos financieros: ahí se tienen datos en masa. De los riesgos operativos, por el contrario, apenas hay datos. No son públicos. Habría que reunirlos laboriosamente de muchas empresas, y eso es caro. Así que se crean teorías con el material que se puede conseguir fácilmente.

«La literatura médica muestra que los médicos suelen ser prisioneros de su experiencia de primera mano: su rechazo a aceptar incluso estudios concluyentes es legendaria.» (Robyn M. Dawes, *Everyday Irrationality: How Pseudo-Scientists, Lunatics, and the Rest of Us Systematically Fail to Think Rationally*, Westview Press, 2001, p. 102 y ss.)

La confianza en la calidad de las propias decisiones solo depende del número de decisiones (pronósticos), sin importar los exactas o inexactas que fueran esas decisiones (pronósticos). También se puede denominar el problema central del consultor. Véase: Hillel J. Einhorn y Robin M. Hogarth, «Confidence in judgment: Persistence of the illusion of validity», *Psychological Review* 85 (5), septiembre de 1978, pp. 395-416.

Amos Tversky y Daniel Kahneman, «Availability: A heuristic for judging frequency and probability», *Cognitive Psychology* 5, 1973, pp. 207-232.

La trampa de «empeorará antes de mejorar»

No hay bibliografía de referencia. Este error de lógica se explica solo.

El sesgo del relato

Robyn M. Dawes, *Everyday Irrationality: How Pseudo-Scientists, Lunatics, and the Rest of Us Systematically Fail to Think Rationally*, Westview Press, 2001, p. 111 y ss.
Mark Turner, *The Literary Mind: The Origins of Thought and Language*, Oxford University Press, 1998.

El prejuicio de retrospectiva

En relación con el triunfo electoral de Reagan: John F. Stacks, «Where the Polls Went Wrong», *Time Magazine*, 12 de enero de 1980.
B. Fischoff, «An early history of hindsight research», *Social Cognition* 25, 2007, pp. 10-13.
H. Blank, J. Musch, y R. F. Pohl, «Hindsight Bias: On Being Wise After the Event», *Social Cognition* 25 (1), 2007, pp. 1-9.

La sabiduría de chófer

La historia sobre Max Planck se encuentra en: «Charlie Munger. USC School of Law Commencement. 13 de mayo de 2007». Reproducido en: Charles T. Munger, *Poor Charlie's Almanack*, Donning, 2008, p. 436.

«De nuevo se trata de una idea muy potente. Cada persona va a tener un círculo de competencia. Y va a ser muy difícil agrandar ese círculo. Si yo tuviera que ganarme la vida de músico... no puedo ni pensar en un nivel suficientemente bajo para describir dónde estaría situado si la música fuera la vara de medir de la civilización. Así que hay que averiguar las aptitudes de uno mismo. Si juegas donde los demás tienen aptitudes y tú no, vas a perder. Y eso es tan acertado como cualquier predicción que puedas hacer. Tienes que averiguar dónde tienes una ventaja. Y tienes que jugarla en tu círculo de competencia.» (Charles T. Munger, «A Lesson on Elementary Worldly Wisdom as It Relates to Investment Management and Business», University of Southern California, 1994; en *Poor Charlie's Almanack*, Donning, 2008, p. 192.)

La ilusión de control

El ejemplo de las jirafas procede de: Christopher Mayer, «Illusion of Control - No One Can Control the Complexity and Mass of the U.S. Economy», *Freeman - Ideas on Liberty* 51 (9), 2001.

Sobre jugar a los dados en el casino: J. M. Henslin, «Craps and magic», *American Journal of Sociology* 73, 1967, pp. 316-330.

Scott Plous, *The Psychology of Judgment and Decision Making*, McGraw-Hill, 1993, p. 171.

El psicólogo Roy Baumeister demostró que la gente tolera más dolor si tiene la sensación de entender una enfermedad. Los enfermos crónicos llevan mucho mejor su enfermedad si el médico les da un nombre para ella y les explica qué les supone la enfermedad. Eso no tiene por qué ser cierto. El efecto funciona incluso donde objetivamente no hay ningún remedio para la enfermedad. Véase: Roy F. Baumeister, *The Cultural Animal: Human Nature, Meaning, and Social Life*, Oxford University Press, 2005, pp. 97 y ss.

El ensayo clásico al respecto: Fred Rothbaum, John R. Weisz y Samuel S. Snyder, «Changing the world and changing the self: A two-process model of perceived control», *Journal of Personality and Social Psychology* 42 (1), 1982, pp. 5-37.

H. H. Jenkins, W. C. Ward, «Judgement of contingency between responses and outcomes», *Psychological Monographs* 79 (1), 1965.

En relación con los botones placebo, hay cuatro referencias:

Dan Lockton, «Placebo buttons, false affordances and ha-bit-forming», *Design with Intent*, 2008: http://architectures. danlockton.co.uk/2008/10/01/placebo-buttons-false-affordan-ces-and-habit-forming/
Michael Luo, «For Exercise in New York Futility, Push Button», *New York Times*, 27 de febrero de 2004.
Nick Paumgarten, «Up and Then Down — The lives of ele-vators», *The New Yorker*, 21 de abril de 2008.
Jared Sandberg, «Employees Only Think They Control Thermostat», *The Wall Street Journal*, 15 de enero de 2003.

La tendencia incentivo-superrespuesta

Charles T. Munger, *Poor Charlie's Almanack*, Donning, 2008, pp. 450 y ss.
La historia de los peces, *ibíd.* p. 199.
«Quizás la regla más importante de la gestión empresarial es: "Acierta con los incentivos"» (*ibíd.* p. 451).
«Fear professional advice when it is especially good for the advisor.» («The Psychology of Human Misjudgment», en: *ibíd.* p. 452).

La regresión a la media

Cuidado: La regresión a la media no es una relación causal, sino una puramente estadística.
Kahneman: «Tuve la experiencia eureka más satisfactoria de mi carrera al intentar enseñar a los instructores de vuelo que el elogio es más efectivo que el castigo para fomentar el aprendiza-je de habilidades. Cuando terminé mi discurso entusiasta, uno de los instructores más experimentados del público levantó la mano y dio su propio discurso, que empezó admitiendo que el refuerzo positivo podía ser bueno para los pájaros, pero conti-

nuó negando que fuera bueno para los cadetes de aviación. Dijo: "En numerosas ocasiones he elogiado a cadetes de vuelo por una ejecución impecable de alguna maniobra acrobática y, en general, cuando lo vuelven a intentar, lo hacen peor. Por otra parte, a menudo he gritado a los cadetes por una mala ejecución y, en general, lo hacen mejor la siguiente vez. Así que, por favor, no nos diga que el refuerzo funciona y el castigo no, porque se trata de lo contrario". Ese fue un momento de júbilo en el que entendí una importante verdad del mundo.» (Cita: Véase la entrada de la Wikipedia *Regression Toward The Mean.*)

Véase también: Ulrich Frey, Johannes Frey, *Fallstricke*, Beck, 2009, p. 169 y ss.

La fatalidad de la dula

Garrett Hardin, «The Tragedy of the Commons», *Science* 162, 1968, pp. 1.243-1.248. Véase también su libro sobre este tema: Garrett Hardin y John Baden, *Managing the Commons*, San Francisco, 1977.

La premio Nobel de Economía Elinor Ostrom, en su libro *Governing the Commons: The Evolution of Institutions for Collective Action*, no ve la fatalidad de la dula tan en blanco y negro como Hardin. Los interesados también pueden autogestionarse. Para eso no hace falta ni un dictador benévolo ni una privatización. La autogestión de los interesados basta. Naturalmente, la autogestión es una forma de «gestión empresarial» en el sentido de Hardin. Así, Ostrom no contradice a Hardin.

El sesgo de resultado

En relación con la historia de los monos, véase: Burton Gordon Malkiel, *A Random Walk Down Wall Street: The Time-tested Strategy for Successful Investing*, W. W. Norton, 1973.

J. Baron y J. C. Hershey, «Outcome bias in decision evaluation», *Journal of Personality and Social Psychology* 54 (4), 1988, pp. 569-579.

Si desea calcular el ejemplo de los cirujanos, tome cualquier manual de estadística y vaya al capítulo sobre el experimento de la urna.

Véase también: Nassim Nicholas Taleb, *Fooled by Randomness*, Random House, 2008, p. 154.

Sobre los errores de los historiadores, véase también: David Hackett Fischer, *Historians' Fallacies: Toward a Logic of Historical Thought*, Harper Torchbooks, 1970, pp. 209-213.

La paradoja de la abundancia

Los dos vídeos de Barry Schwartz en TED.com.

Barry Schwartz, *The Paradox of Choice: Why More Is Less*, Harper, 2004. [*Por qué más es menos. La tiranía de la abundancia*, trad. Gabriela Bustelo y Teresa Carretero, Taurus, 2005.]

Los problemas de la paradoja de la abundancia aún son más graves de lo que se muestra en el texto. Los ensayos de laboratorio confirman que el hecho de decidir consume energía que después falta cuando se quieren combatir los impulsos emocionales. (Roy F. Baumeister, *The Cultural Animal: Human Nature, Meaning, and Social Life*, Oxford University Press, 2005, p. 316 y ss.)

S. Botti, K. Orfali y S. S. Iyengar, «Tragic Choices: Autonomy and Emotional Response to Medical Decisions», *Journal of Consumer Research* 36 (3), 2009, pp. 337-352.

S. S. Iyengar, R. E. Wells y B. Schwartz, «Doing Better but Feeling Worse: Looking for the "Best" Job Undermines Satisfaction», *Psychological Science* 17 (2), 2006, pp. 143-150.

«Dejar que la gente piense que tiene alguna opción en la cuestión es un arma poderosa para garantizar el cumplimiento.» (Roy F. Baumeister, *The Cultural Animal: Human Nature, Meaning, and Social Life*, Oxford University Press, 2005, p. 323.)

El sesgo de agradar

Joe Girard, *How To Sell Anything To Anybody*, Fireside, 1977.

«Raras veces nos parece que la gente tenga sentido común, salvo que estén de acuerdo con nosotros.» (La Rochefoucauld)

Cialdini tiene un capítulo entero dedicado al sesgo de agradar: Robert B. Cialdini, *Influence: The Psychology of Persuasion*, HarperCollins, 1998, capítulo 5.

El efecto de dotación

Para el ejemplo de Charlie Munger, véase: Charles T. Munger, *Poor Charlie's Almanack*, Donning, 2008, p. 479.

Dan Ariely: *Predictably Irrational. The Hidden Forces that Shape Our Decisions*, HarperCollins, 2008, capítulo «The High Price of Ownership». [*Las trampas del deseo. Cómo controlar los impulsos irracionales que nos llevan al error*, trad. Francisco J. Ramos Mena, Ariel, 2008, capítulo «El elevado precio de la propiedad».]

D. Kahneman, Jack L. Knetsch y R. Thaler, «Experimental Test of the endowment effect and the Coase Theorem», *Journal of Political Economy*, 98 (6), 1991, pp. 1.325-1.348.

Z. Carmon, D. Ariely, «Focusing on the Forgone: How Value Can Appear So Different to Buyers and Sellers», *Journal of Consumer Research*, vol. 27, 2000.

«Recortar las pérdidas es una buena idea, pero los inversores odian admitir pérdidas, porque, dejando al margen las consideraciones fiscales, una pérdida es un reconocimiento de error. La aversión a la pérdida combinada con el ego lleva a los inversores a arriesgar al aferrarse a sus errores con la vana esperanza de que algún día el mercado confirmará su valoración y les hará ricos.» (Peter L. Bernstein, *Against the Gods - The Remarkable Story of Risk*, Wiley, 1996, p. 276 y p. 294.)

«Una pérdida tiene unas dos veces y media el impacto de una ganancia de la misma magnitud.» (Niall Ferguson, *The Ascent of Money. A Financial History of the World*, Penguin Press, 2008, p. 345. [*El triunfo del dinero. Cómo las finanzas mueven el mundo*, trad. Francisco J. Ramos Mena, Debate, 2009.])

«Perder diez dólares se percibe como un resultado más extremo que ganar diez dólares. En cierto modo, sabes que serás más infeliz al perder diez dólares que la felicidad que sentirías al ganar la misma cantidad, y por eso lo rechazas, aunque un estadístico o un contable aaprobaría aceptar la apuesta.» (Roy F. Baumeister, *The Cultural Animal: Human Nature, Meaning, and Social Life*, Oxford University Press, 2005, p. 319 y ss.)

Cuanto más trabajo invertimos en algo, más fuerte es el sentimiento de posesión. Eso se conoce como el efecto IKEA. En relación con el efecto IKEA, véase la página web de Dan Ariely: http://danariely.com/tag/ikea-effect/

El milagro

En relación con la historia de la explosión en la iglesia: Luke Nichols, «Church explosion 60 years ago not forgotten», *Beatrice Daily Sun*, 1 de marzo de 2010.

Véase también: Scott Plous, *The Psychology of Judgment and Decision Making*, McGraw-Hill, 1993, p. 164.

Para un buen debate sobre los milagros, véase: Peter Bevelin, *Seeking Wisdom. From Darwin to Munger*, Post Scriptum, 2003, p. 145.

Pensamiento de grupo

Irving L. Janis, *Groupthink: Psychological Studies of Policy Decisions and Fiascoes*, Cengage Learning, 1982.
Clifton Wilcox, *Groupthink*, Xlibris Corporation, 2010.

Una forma contraria de pensamiento de grupo es la inteligencia colectiva (James Surowiecki, *The Wisdom of the Crowds*, Doubleday, 2004). Y funciona así: «La gran masa de personas normales (es decir, ningún grupo de expertos) encuentra soluciones sorprendentemente correctas, pero naturalmente también está grotescamente equivocada. Eso ya lo demostró Francis Galson [1907] en un bonito experimento. Visitó una feria ganadera en la que se organizó un concurso para calcular el peso de un buey. Galton era de la opinión de que los visitantes de la feria no podrían y decidió valorar estadísticamente los casi 800 cálculos. Sin embargo, el valor medio de todos ellos (1.197 libras) quedó sorprendentemente cerca del valor real (1.207 libras). El prejuicio de Galton quedó así refutado.» (Jürgen Beetz, *Denken, Nach-Denken, Handeln: Triviale Einsichten, die niemand befolgt*, Alibri, 2010, p. 122.)

El pensamiento de grupo aparece por interacción de los participantes. La inteligencia colectiva, por el contrario, cuando los actores actúan de forma independiente entre sí (por ejemplo, al hacer un cálculo), lo que siempre se da más raras veces. La inteligencia colectiva apenas puede replicarse científicamente.

El descuido de la probabilidad

Alan Monat, James R. Averill, Richard S. Lazarus, «Anticipatory stress and coping reactions under various conditions of uncertainty», *Journal of Personality and Social Psychology* 24 (2), noviembre de 1972, pp. 237-253.

«Las probabilidades constituyen un gran ángulo muerto humano, y por tanto un gran foco de pensamiento simplista. La realidad (sobre todo la realidad social) es esencialmente probabilista, pero el pensamiento humano prefiere tratarla en simples categorías de blanco o negro.» (Roy F. Baumeister, *The Cultural Animal: Human Nature, Meaning, and Social Life*, Oxford University Press, 2005, p. 206.)

Dado que no tenemos una comprensión intuitiva de las probabilidades, tampoco tenemos una comprensión intuitiva del riesgo. Así que siempre se vuelven a necesitar cracs financieros para visibilizar los riesgos invisibles. Se ha tardado sorprendentemente mucho hasta que los economistas lo han entendido. Véase: Peter L. Bernstein, *Against the Gods, The Remarkable Story of Risk*, Wiley, 1996, p. 247 y ss.

Lo que muchos economistas e inversores aún no han entendido: la volatilidad es una mala medida para el riesgo. Y aun así la emplean en sus modelos de estimación. «¿Cómo pueden difundir los catedráticos esta tontería de que la volatilidad de una cotización es una medida del riesgo? Llevo décadas esperando que acabe esta locura.» (Charles T. Munger, *Poor Charlie's Almanack*, Donning, 2008, p. 101)

Para un debate completo sobre cómo percibimos el riesgo (falsamente): Paul Slovic, *The Perception of Risk*, Earthscan, 2000.

El sesgo del riesgo cero

Y. Rottenstreich, C. K. Hsee, «Money, kisses, and electric shocks: on the affective psychology of risk», *Psychological Science* 12, 2001, pp. 185-190.

Véase también: Paul Slovic, *et al.*, «The Affect Heuristic», en: Thomas Gilovich, Dale Griffin, Daniel Kahneman, *Heuristics and Biases*, Cambridge University Press, 2002, p. 409.

Un ejemplo es la cláusula Delaney de la ley de alimentos y medicamentos de 1958, que estipuló la prohibición total de aditivos alimentarios sintéticos cancerígenos.

El error de la escasez

Robert B. Cialdini, *Influence: The Psychology of Persuasion*, Collins, paperback edition, 2007, p. 237 y ss.

En relación con las galletas, véase: Stephen Worchel, Jerry Lee y Akanbi Adewole, «Effects of supply and demand on ratings of object value», *Journal of Personality and Social Psychology* 32 (5), noviembre 1975, pp. 906-991.

En relación con los pósters, véase: Roy F. Baumeister, *The Cultural Animal: Human Nature, Meaning, and Social Life*, Oxford University Press, 2005, p. 102.

La desestimación de las probabilidades previas

Sobre el ejemplo del aficionado a Mozart, véase: Roy F. Baumeister, *The Cultural Animal: Human Nature, Meaning, and Social Life*, Oxford University Press, 2005, p. 206 y ss.

Daniel Kahneman, Amos Tversky, «On the psychology of prediction», *Psychological Review* 80, 1973, pp. 237-251.

Véase también: Gerd Gigerenzer, *Das Einmaleins der Skepsis. Über den richtigen Umgang mit Zahlen und Risiken*, 2002.

Véase también: Scott Plous, *The Psychology of Judgment and Decision Making*, McGraw-Hill, 1993, p. 115 y ss.

La falacia del jugador

La falacia del jugador también se conoce como «falacia de Montecarlo». El ejemplo de 1913 se encuentra aquí: Jonah Lehrer, *How We Decide*, Houghton Mifflin Harcourt, 2009, p. 66.

Sobre el ejemplo de los coeficientes intelectuales: Scott Plous, *The Psychology of Judgment and Decision Making*, McGraw-Hill, 1993, p. 113.

Véase también: Thomas Gilovich, Robert Vallone y Amos Tversky, «The Hot Hand in Basketball: On the Misperception of Random Sequences», en: Thomas Gilovich, Dale Griffin, Daniel Kahneman, *Heuristics and Biases*, Cambridge University Press, 2002, p. 601 y ss.

El ancla

En relación con los números de la seguridad social y la rueda de la fortuna, véase: Dan Ariely, *Pedictibly Irrational*, Harper-Collins, 2008, capítulo 2. [*Las trampas del deseo. Cómo controlar los impulsos irracionales que nos llevan al error*, trad. Francisco J. Ramos Mena, Ariel, 2008.] Véase también: Amos Tversky y Daniel Kahneman, «Judgment under Uncertainty: Heuristics and Biases», *Science* 185, 1974, pp. 1.124-1.131.

Sobre el ejemplo de Lutero, modificado, véase: Nicholas Epley y Thomas Gilovich, «Putting Adjustment Back in the Anchoring and Adjustment Heuristic», en: Thomas Gilovich, Dale Griffin, Daniel Kahneman, *Heuristics and Biases*, Cambridge University Press, 2002, p. 139 y ss.

Otra vez ligeramente modificado en: Ulrich Frey y Johannes Frey, *Fallstricke*, Beck, 2009, p. 40.

En relación con Atila, véase: J. E. Russo y P. J. H Shoemaker, *Decision Traps*, Simon & Schuster, 1989, p. 6.

En relación con la estimación del precio de las casas, véase: Gregory B. Northcraft y Margaret A. Neale, «Experts, Amateurs, and Real Estate: An Anchoring-and-Adjustment Perspective on Property Pricing Decisions», *Organizational Behavior and Human Decision Processes* 39, 1987, pp. 84-97.

Sobre el anclaje en sitacones de ventas y comercio, véase: Ilana Ritov, «Anchoring in a simulated competitive market negotiation» *Organizational Behavior and Human Decision Processes* 67, 1996, 16-25. Reproducido en: M. H. Bazerman (ed.), *Negotiation, Decision Making, and Conflict Resolution*, vol. 2, Edward Elgar Publishers, 2005.

La inducción

El ejemplo del ganso, en Nassim Taleb en forma de pavo de Acción de Gracias. Taleb tomó el ejemplo de Bertrand Russell (conejos), y este a su vez de David Hume. Nassim Nicholas Taleb, *The Black Swan*, Random House, 2007, p. 40. [*El cisne negro. El impacto de lo altamente improbable*, trad. Roc Filella Escolà, Paidós, 2008.]

La inducción es uno de los grandes temas de la filosofía cognitiva: ¿Cómo podemos predecir algo sobre el futuro si no tenemos más que el pasado? Respuesta: No podemos. Toda inducción tiene siempre incertezas. Lo mismo pasa con la causalidad: nunca podemos saber si algo se sucede causalmente, aunque lo hayamos observado un millón de veces. David Hume abordó este tema brillantemente en el siglo XVIII.

La aversión a la pérdida

Sobre el hecho de que una pérdida pese el doble que una ganancia, véase: Daniel Kahneman y Amos Tversky, «Prospect Theory: An Analysis of Decision under Risk», *Econometrica* 47 (2), marzo 1979, p. 273.

Sobre el ejemplo de la campaña para la detección precoz del cáncer de mama, véase: Beth E. Meyerowitz y Shelly Chaiken, «The effect of message framing on breast self-examination attitudes, intentions, and behavior», *Journal of Personality and Social Psychology* 52 (3), marzo 1987, pp. 500-510.

Reaccionamos con más fuerza a estímulos negativos que a positivos. Véase: Roy F. Baumeister, *The Cultural Animal: Human Nature, Meaning, and Social Life*, Oxford University Press, 2005, p. 201 y p. 319.

Que no somos la única especie con aversión a la pérdida, lo describe el siguiente estudio de investigación. Los monos también muestran este error de lógica: A. Silberberg, *et al.*: «On loss aversion in capuchin monkeys», *Journal of the Experimental Analysis of Behavior* 89, 2008, pp. 145-155.

La pereza social

David A. Kravitz y Barbara Martin, «Ringelmann rediscovered: The original article», *Journal of Personality and Social Psychology* 50 (5), 1986, pp. 936-941.

B. Latané, K. D. Williams y S. Harkins, «Many hands make light the work: The causes and consequences of social loafing», *Journal of Personality and Social Psychology* 37 (6), 1979, pp. 822-832.

Véase también: Scott Plous, *The Psychology of Judgment and Decision Making*, McGraw-Hill, 1993, p. 193.

Sobre la inclinación al riesgo, véase: D. Pruitt, «Choice shifts in group discussion: An introductory review», *Journal of Personality and Social Psychology* 20 (3), 1971, pp. 339-360; y S. Moscovici y M. Zavalloni, «The group as a polarizer of attitudes», *Journal of Personality and Social Psychology* 12, 1969, pp. 125-135.

El crecimiento exponencial

Sobre el ejemplo de los 30 días: Charles T. Munger, *Poor Charlie's Almanack*, Donning, 2008, p. 366.

Para buenos ejemplos sobre el crecimiento exponencial, véase: Dietrich Dörner, *Die Logik des Misslingens. Strategisches Denken in komplexen Situationen*, Rowohlt, 2003, p. 161 y ss.

Véase también: Hans-Hermann Dubben y Hans-Peter Beck-Bornholdt, *Der Hund, der Eier legt. Erkennen von Fehlinformation durch Querdenken*, rororo, 2006, p. 120 y ss.

El crecimiento exponencial de la población también fue el tema de la década de 1970, cuando la escasez de recursos quedó por primera vez a la vista de la opinión pública. Véase: Donella H. Meadows, *et al.*: *The Limits to Growth*, University Books, 1972. La nueva economía, con su creencia en el crecimiento sin inflación ni escasez de recursos ha barrido este tema de la mesa.

Desde la escasez de materias primas de 2007 sabemos que el tema no se ha ido de la mesa. Al contrario. La población mundial sigue creciendo exponencialmente.

La maldición del ganador

El clásico del tema: Richard Thaler, «The Winner's Curse», *Journal of Economic Perspectives* 1, 1988.

Cuando se trata de aventajar a los demás, véase: Deepak Malhotra, «The desire to win: The effects of competitive arousal on motivation and behavior», *Organizational Behavior and Human Decision Processes* 111 (2), marzo 2010, pp. 139-146.

¿Cuánto pagaría por cien euros? Ejemplo de Scott Plous, *The Psychology of Judgment and Decision Making*, McGraw-Hill, 1993, p. 248.

«Warren Buffett's rule for open-outcry auctions: don't go.» *Charlie Munger on the Psychology of Human Misjudgment.* Conferencia en la universidad de Harvard, junio de 1995.

El error fundamental de atribución

El psicólogo de Stanford Lee Ross describió por primera vez el error de atribución fundamental. Véase: L. Ross, «The intuitive psychologist and his shortcomings: Distortions in the attribution process», en: Berkowitz, L. (eds.): *Advances in experimental social psychology* (vol. 10), Academic Press, 1977.

Sobre el experimento con el discurso, véase: E. E. Jones y V. A. Harris, «The attribution of attitudes», *Journal of Experimental Social Psychology* 3, 1967, pp. 1-24.

Véase también: Scott Plous, *The Psychology of Judgment and Decision Making*, McGraw-Hill, 1993, p. 180 y ss.

La falsa causalidad

Hans-Hermann Dubben y Hans-Peter Beck-Bornholdt, *Der Hund, der Eier legt. Erkennen von Fehlinformation durch Querdenken*, rororo, 2006, p. 175 y ss.
Sobre el bonito ejemplo con la cigüeña, íbid. p. 181.
Sobre los libros de un hogar, véase: National Endowment for the Arts: *To Read or Not To Read: A Question of National Consequence*, noviembre 2007.

El efecto halo

El libro definitivo para el efecto halo en la economía, de donde se ha sacado el ejemplo de Cisco: P. Rosenzweig, *The Halo Effect: and the Eight Other Business Delusions That Deceive Managers*, Free Press, 2007.
E. L. Thorndike, «A constant error on psychological rating», *Journal of Applied Psychology* IV, 1920, pp. 25-29.
Richard E. Nisbett y Timothy D. Wilson, «The halo effect: Evidence for unconscious alteration of judgments», *Journal of Personality and Social Psychology* 35 (4), 1977, pp. 250-256.

Las vías alternativas

Sobre el ejemplo de la ruleta rusa: Nassim Nicholas Taleb, *Fooled By Randomness*, Random House, 2001, p. 23.
«Resulta difícil pensar en Alejandro Magno o Julio César como hombres que solo ganaron en la historia visible, pero que podrían haber sufrido derrotas en otras historias. Si hemos oído hablar de ellos es simplemente porque asumieron riesgos considerables junto a otros miles y, al final, ganaron. Eran inteligentes, valientes, nobles (a veces), tenían la mayor cultura que se podía tener entonces, pero igual que otros miles que viven en

los rancios márgenes de la Historia.» (Nassim Nicholas Taleb, *Fooled by Randomness*, Random House, 2001, p. 34.)

«Mi argumento es que puedo encontrarte un valor financiero entre los 40.000 disponibles que doblara la cantidad cada año sin excepción. ¿Deberíamos poner el dinero de la seguridad social ahí?» (*ibíd.*, p. 146).

La ilusión del pronóstico

Philip E. Tetlock, *How Accurate Are Your Pet Pundits?* Project Syndicate/ Institute for Human Sciences, 2006.

Derek J. Koehler, Lyle Brenner y Dale Griffin, «The Calibration of Expert Judgment. Heuristics and biases beyond the laboratory», en: Dale Griffin Gilovich y Daniel Kahneman (eds.): *Heuristics and Biases. The Psychology of Intuitive Judgment*, Cambridge University Press, 2002, p. 686.

«La única función de la previsión económica es hacer que la astrología parezca respetable.» (John Kenneth Galbraith, http://news.bbc.co.uk/2/hi/busi ness/4960280.stm)

La cita del pronóstico de Tony Blair en: Roger Buehler, Dale Griffin y Michael Ross, «Inside the planning fallacy: The causes and consequences of optimistic time predictions», en: Thomas Gilovich, Dale Griffin y Daniel Kahneman (eds.), *Heuristics and biases: The psychology of intuitive judgment*, Cambridge University Press, 2002, p. 270.

«Ha habido tantas plagas como guerras en la historia, pero tanto las plagas como las guerras siempre toman a la gente por sorpresa por igual.» (Albert Camus, *La peste*.)

«No leo predicciones económicas. No leo tiras cómicas.» (Warren Buffett.)

El catedrático de Harvard Theodore Levitt: «Es fácil ser un profeta. Haces veinticinco pronósticos y de los que aciertas es de los que hablas.» (Peter Bevelin, *Seeking Wisdom. From Darwin to Munger*, Post Scriptum, 2003, p. 145)

«Estados Unidos tiene 60.000 economistas titulados. Muchos de ellos están contratados para pronosticar crisis económicas e intereses. Si sus pronósticos acertaran solo dos veces consecutivas, serían millonarios. Por lo que yo sé, casi todos siguen siendo mansos empleados, lo que debería indicarnos algo.» (Peter Lynch, *One Up On Wall Street,* Simon & Schuster, 2000.) Y como esa frase era tan jugosa, ahí va otra cita del mismo libro: «Miles de expertos estudian indicadores de sobrecompras, indicadores de sobreventas, patrones completos, proporción compras-ventas, la política de la Reserva Federal en relación con el dinero en circulación, la inversión extranjera, el movimiento de las constelaciones por el cielo, y el musgo en los robles, y no pueden pronosticar mercados con una coherencia útil mejor los exprimidores de mollejas al decir a los emperadores romanos cuándo atacarían los hunos.» (*ibíd.*)

Los analistas de bolsa son especialmente buenos pronosticando con posterioridad: «Los analistas y los agentes. No saben nada. ¿Por qué siempre rebajan la calificación de las acciones después de que se conozcan sus malos ingresos? ¿Dónde está el tipo que la rebaja antes de que esos malos ingresos aparezcan? Ése es el tipo listo. Pero no conozco a ninguno. Son poco comunes, muy poco comunes. Son más poco comunes que Jesse Jackson en una reunión del Ku Klux Klan.» (Marc Perkins 2000, TheStreet.com.)

La falacia de la conjunción

La historia de Klaus es una variante modificada de la conocida como «historia de Linda» en Tversky und Kahneman: Amos Tversky y Daniel Kahneman, «Extension versus intuitive reasoning: The conjunction fallacy in probability judgment», *Psychological Review* 90 (4), octubre 1983, pp. 293-331. Por ese motivo, la falacia de la conjunción también se conoce como el «problema de Linda».

El ejemplo del gasto de aceite está un poco modificado y simplificado. El ejemplo original se encuentra en: Amos Tversky y Daniel Kahneman, «Extensional versus intuitive reasoning: The conjunction fallacy in probability judgment», *Psychological Review* 90 (4), octubre 1983, pp. 293-315.

Sobre los dos tipos de pensamiento —intuitivo vs. racional, o Sistema 1 *vs.* Sistema 2—, véase: Daniel Kahneman, «A perspective on judgement and choice», *American Psychologist* 58, 2003, pp. 697-720.

Encuadre

Amos Tversky y Daniel Kahneman, «The Framing of Decisions and the Psychology of Choice», *Science, New Series,* vol. 211, 1981, pp. 453-458.

Sobre el efecto encuadre en la medicina, véase: Robyn M. Dawes, *Everyday Irrationality: How Pseudo-Scientists, Lunatics, and the Rest of Us Systematically Fail to Think Rationally,* Westview Press, 2001, p. 3 y ss.

R. Shepherd *et al.*, «The effects of information on sensory ratings and preferences: The importance of attitudes», *Food Quality and Preference* 3 (3), 1991-1992, pp. 147-155.

El sesgo de acción

Michael Bar-Eli *et al.*, «Action Bias among Elite Soccer Goalkeepers: The Case of Penalty Kicks», *Journal of Economic Psychology* 28 (5), 2007, pp. 606-621.

Warren Buffett consigue no entregarse al sesgo de acción: «No nos pagan por *actividad*, sino por *acertar*. Con respecto a cuánto *esperaremos*, esperaremos *indefinidamente*.» (Warren Buffett, Reunión anual de Berkshire Hathaway 1998.)

«El mercado de valores es un juego de *strikes* no cantados. No hay que hacer un movimiento amplio con el bate continuamente, puedes limitarte a esperar al lanzamiento. El problema cuando gestionas dinero es que tus aficionados no dejan de gritarte: "¡Muévete, vago!"» (Warren Buffett, Reunión anual de Berkshire Hathaway 1999.)

«Hace falta carácter para sentarse ahí y no hacer nada. No habría llegado a donde estoy persiguiendo oportunidades mediocres.» (Charles T. Munger, *Poor Charlie's Almanack*, Donning, 2008, p. 61.)

«Charlie se da cuenta de que es difícil encontrar algo realmente bueno. Así que si dices "no" el noventa por ciento de las veces, no te pierdes gran cosa en el mundo.» (*Ibíd.*, p. 99)

«Hay enormes ventajas para un individuo que llega a una posición en la que hace pocas grandes inversiones y simplemente espera sentado: pagas menos a los agentes de bolsa. Escuchas menos tonterías.» (*Ibíd.*, p. 209)

El sesgo de omisión

Jonathan Baron, *Thinking and Deciding*, Cambridge University Press, 1988, 1994, 2000.

D. A. Asch *et al.*, «Omission bias and pertussis vaccination», *Medical Decision Making* 14, 1994, pp. 118-124.

Jonathan Baron y Ilana Ritov, «Omission bias, individual differences, and normality», *Organizational Behavior and Human Decision Processes* 94, 2004, pp. 74-85.

Véase también: «Der Unterlassungseffekt», capítulo sobre la tesis doctoral: Mark Schweizer, *Kognitive Täuschungen vor Gericht*, Zúrich, 2005.

El sesgo de autoservicio

B. R. Schlenker y R. S. Miller, «Egocentrism in groups: Self-serving biases or logical information processing?», *Journal of Personality and Social Psychology* 35, 1977, pp. 755-764.

D. T. Miller y M. Ross, «Self-serving biases in the attribution of causality: Fact or fiction?», *Psychological Bulletin* 82, 1975, pp. 213-225.

R. M. Arkin y G. M. Maruyama, «Attribution, affect and college exam performance», *Journal of Educational Psychology* 71, 1979, pp. 85-93.

Roy F. Baumeister, *The Cultural Animal: Human Nature, Meaning, and Social Life*, Oxford University Press, 2005, p. 215 y ss.

«Por supuesto, también quieres sacar el sesgo de autoservicio de tus rutinas mentales. Pensar que lo que es bueno para ti es bueno para toda la civilización, y racionalizar una conducta tonta o malvada en función de tu tendencia subconsciente a servirte a ti mismo es una forma terrible de pensar.» (Charles T. Munger, *Poor Charlie's Almanack*, Donning, 2008, p. 432)

En relación con el experimento con las notas escolares, véase: Joel T. Johnson *et al.*, «The "Barnum effect" revisited: Cognitive and motivational factors in the acceptance of personality descriptions», *Journal of Personality and Social Psychology* 49 (5), noviembre de 1985, pp. 1.378-1.391.

En relación con las notas escolares, véase también el vídeo: Dan Ariely, *Why we think it's OK to cheat and steal (sometimes)* en TED.com.

M. Ross y F. Sicoly, «Egocentric biases in availability and attribution», *Journal of Personality and Social Psychology* 37, 1979, pp. 322-336.

La adaptación hedónica

Nassim Nicholas Taleb, *The Black Swan*, Random House, 2007, p. 91. [*El cisne negro. El impacto de lo altamente improbable*, trad. Roc Filella Escolà, Paidós, 2008.]

Daniel T. Gilbert *et al.*, «Immune neglect: A source of durability bias in affective forecasting», *Journal of Personality and Social Psychology* 75 (3), 1998, pp. 617-638.

Daniel T. Gilbert y Jane E. J. Ebert, «Decisions and Revisions: The Affective Forecasting of Changeable Outcomes», *Journal of Personality and Social Psychology* 82 (4), 2002, pp. 503-514.

Daniel T. Gilbert, *Stumbling on happiness*, Alfred A. Knopf, 2006.

Daniel T. Gilbert, *Why are we happy?*, (vídeo) en TED.com.

Bruno S. Frey y Alois Stutzer, *Happiness and Economics: How the Economy and Institutions Affect Human Well-Being*, Princeton, 2001.

El estudio sobre los implantes de pecho consiguió llegar rápidamente —por el tema— a muchas publicaciones femeninas. No obstante, la muestra aleatoria (112 mujeres) es muy insignificante. Véase: V. L. Young, J. R. Nemecek y D. A. Nemecek, «The efficacy of breast augmentation: breast size increase, patient satisfaction, and psychological effects», *Plastic and Reconstructive Surgery* 94 (7), diciembre de 1994, pp. 958-969.

El sesgo de autoselección

«Una forma más intencionada de sesgo de autoselección suele darse al medir el rendimiento de los gestores de inversiones. Tipicamente, cierto número de fondos se crean inicialmente incubados: se mantienen al margen del público hasta que tienen una trayectoria. Los que triunfan son publicitados, mientras que los que no triunfan siguen en la incubadora hasta que lo hacen. Además, los fondos que fracasan persistentemente (ya sea en incubadora o no) suelen cerrarse, lo que crea un sesgo de supervivencia. Esto es de lo más efectivo por la tendencia de los inversores a escoger fondos de los primeros puestos de las clasificaciones sin prestar atención al rendimiento de los otros fondos de ese gestor.» (Cita de Moneyterms.co.uk.)

«No es raro que alguien que ve un partido de tenis por televisión sea bomardeado con anuncios de fondos de inversión que (hasta entonces) han superado a otros en un determinado porcentaje durante algún tiempo. Pero, de nuevo, ¿por qué se anunciaría alguien si no superara al mercado? Hay una gran probabilidad de que la inversión acuda a ti si su éxito es puramente casual. Este fenómeno es lo que los economistas y aseguradores llaman selección adversa.» (Nassim Nicholas Taleb, *Fooled by Randomness*, Random House, 2008, p. 158.)

«Acaso hay cosas y sucesos en la naturaleza de los que nunca sepamos nada porque nuestro cerebro no las lleva a cabo?» (Gerhard Vollmer, *Evolutionäre Erkenntnistheorie*, Hirzel, 2002, p. 135.)

«El aparato de cognición no tiene que ser perfecto. Que no tiene que ser ideal también lo demuestra la comparación con los animales que también sobreviven aunque su aparato de cognición funciona mucho peor.» (*Ibíd*., p. 137.)

El sesgo de asociación

En relación con la historia de la fuga de gas, véase: Roy F. Baumeister, *The Cultural Animal: Human Nature, Meaning, and Social Life*, Oxford University Press, 2005, p. 280.

Buffett quiere oír las malas noticias, y sin rodeos. Los anuncios buenos pueden esperar. Véase: Charles T. Munger, *Poor Charlie's Almanack*, Donning, 2008, p. 472.

La expresión «*Don't shoot the messenger*» aparece por primera vez en Shakespeare, en *Enrique IV*, parte 2, 1598.

En muchos estados, entre otros en la Nueva Inglaterra del siglo XVIII, existía el trabajo de «*Town Crier*» (literalmente, «gritador del pueblo»). Su misión consistía en difundir noticias a menudo malas, por ejemplo, subidas de impuestos. Para luchar contra el «síndrome de matar al mensajero», las ciudades aprobaron leyes (seguramente también leídas por esa especie de pregonero) que sancionaban las heridas e insultos al pregonero con las penas máximas. Hoy en día ya no somos tan civilizados. Al pregonero con voz más fuerte lo metemos en la cárcel, por ejemplo a Julian Assange, fundador de Wikileaks.

La suerte del principiante

Nassim Nicholas Taleb, *The Black Swan*, Random House, 2007, p. 109. [*El cisne negro. El impacto de lo altamente improbable*, trad. Roc Filella Escolà, Paidós, 2008.]

La disonancia cognitiva

Scott Plous, *The Psychology of Judgment and Decision Making*, McGraw-Hill, 1993, p. 22 y ss.

El estudio clásico sobre la disonancia cognitiva: Leon Festinger y James M. Carlsmith, «Cognitive Consequences of Forced Compliance», *Journal of Abnormal and Social Psychology* 58, 1959.

Jon Elster, *Sour Grapes: Studies in the Subversion of Rationality*, Cambridge University Press, 1983, p. 123 y ss.

George Soros, uno de los inversores más fuertes, carece completamente según Taleb de disonancia cognitiva. Soros puede cambiar de opinión de un segundo a otro sin la mínima sensación de ridículo. Véase: Nassim Nicholas Taleb, *Fooled by Randomness*, Random House, 2008, p. 239.

El descuento hiperbólico

Hay una serie de investigaciones sobre el descuento hiperbólico. La primera: R. H. Thaler, «Some Empirical Evidence on Dynamic Inconsistency», *Economic Letters* 8, 1981, pp. 201-207.

En relación con la prueba de la golosina, véase: Yuichi Sho-
da, Walter Mischel y Philip K. Peake, «Predicting Adolescent
Cognitive and Self-Regulatory Competencies from Preschool
Delay of Gratification: Identifying Diagnostic Conditions»,
Developmental Psychology 26 (6), 1990, pp. 978-986.
Véase al respecto un artículo excelente en *New Yorker*: Jonah Lehrer, «Don't! The secret of self-control», 18 de mayo de
2009.
«La habilidad de aplazar la gratificación es muy flexible y
racional, pero a veces falla y la gente agarra la satisfacción inmediata. El efecto de la inmediatez recuerda al efecto certeza: [...]
bajo el sofisticado proceso de reflexión del animal cultural, todavía acechan las necesidades e inclinaciones más simples de los
animales sociales. A veces vencen.» (Roy F. Baumeister, *The
Cultural Animal: Human Nature, Meaning, and Social Life*,
Oxford University Press, 2005, p. 320 y s.)
¿Y a largo plazo? Supongamos que dirige un restaurante y
un cliente le propone no pagar hoy la cuenta de 100 euros, sino
transferirle 1.700 euros dentro de 30 años, lo que corresponde a
un buen interés del 10 por ciento. ¿Aceptaría? Poco probable.
¿Quién sabe qué pasará dentro de 30 años? ¿Ha cometido un
error de lógica? No. Al contrario de lo que sucede con el descuento hiperbólico, a mayores plazos, suelen aplicarse mayores
intereses. En Suiza se debatió (antes de Fukushima) un plan para construir una central nuclear con un retorno de 30 años. Un
plan estúpido. Quién sabe lo que nos ofrecerán las tecnologías
dentro de 3 años. Un retorno de diez años estaría justificado,
pero no de 30 años, al margen de los riesgos.

Agradecimientos

Agradezco a Nassim Nicholas Taleb la inspiración para este libro, aunque me recomendó no publicarlo bajo ningún concepto («Mejor escribe novelas, los libros de no ficción no son *sexys*»). Doy las gracias a Koni Gebistorf, que corrigió los textos con maestría. A Giuliano Musio le agradezco el pulido ortográfico y a Arnhild Walz-Rasilier sus excelentes relaciones con el mundo editorial. Sin la presión semanal de verter las propias ideas en un formato legible, no existiría este libro. Doy las gracias a Frank Schirrmacher, que ha acogido la columna en el *Frankfurter Allgemeine Zeitung*, y a Martin Spieler, que puso un puerto en Suiza a su disposición con el *SonntagsZeitung*. Agradezco a la diseñadora Birgit Lang las ilustraciones a mis textos. Los cien ojos de los redactores Sebastian Ramspeck y Balz Spörri (ambos del *SonntagsZeitung*) y Hubert Spiegel (*Frankfurter Allgemeine Zeitung*) han subsanado errores e imprecisiones antes de que la columna llegara a imprenta cada semana: muchas gracias. De todo lo que está aquí tras los numerosos pasos de la corrección solo yo soy el responsable.

Sobre la ilustradora

Birgit Lang vive y trabaja en Hamburgo. Estudió diseño textil en la Universidad Politécnica de Coburgo y se diplomó tras una estancia de un año en Toronto, Canadá. A continuación se trasladó a Hamburgo para acabar sus estudios de ilustración en la Universidad de Ciencias Aplicadas de Hamburgo. Desde entonces ha realizado ilustraciones para importantes revistas como *Die Zeit* (Alemania), *The Globe and Mail* (Canadá), *SonntagsZeitung* (Suiza), *Harvard Business Magazin* (Estados Unidos), *Brigitte Woman* (Alemania), entre otras. Además, dibuja para libros infantiles, proyectos musicales y teatrales, y películas de dibujos animados. Sus obras independientes se pueden ver habitualmente en exposiciones internacionales.

Para más información: *www.birgitlang.de*

Índice